AF573544

VUES REMARQUABLES

DES

MONTAGNES

DE LA SUISSE

AVEC LEUR

Defcription.

Premiere Partie.

1776.

A BERNE, chez Wagner, Imprimeur de LL. EE.

H. 27. 9

PROSPECTUS

d'une collection des vues les plus remarquables des montagnes de la Suisse.

A Berne, chez Wagner, Imprimeur de LL. EE.

IL n'y a pas de pays plus décoré des beautés de la nature & des merveilles de la création, que la Suisse. Les sommets des monts élevés jusqu'aux cieux & couverts de neiges perpétuelles, qui entourent nos habitations, & les curiosités naturelles qu'on y rencontre, attirent depuis longtems l'attention de l'Europe. Les étrangers accourent en foule pour les contempler; il paroît des descriptions, souvent recueillies avec trop peu de soin, & qui ne sont que le fruit d'un voyage fait à la hâte. Il y a d'ailleurs mille endroits, qui par leur situation & la difficulté des chemins, écartent le voyageur épouvanté; des beautés singulieres, des trésors même dignes de l'admiration des connoisseurs, ne sont à la portée que des regards insensibles des habitans des Alpes.

Ces motifs nous ont engagé à faire depuis huit années, huit différens voyages dans ces montagnes, & à faire graver un choix des vues les plus remarquables, peintes sur les lieux & revues dans des voyages repetés par un Artiste connu, qui a du goût & des connoissances. Chacun, au moyen de cette collection, pourra voyager dans son cabinet, contempler à loisir ces miracles de la création, & en prendre une idée exacte & vraye.

Des Glaciers, des Lacs situés sur de hautes montagnes, des Cascades, des Ponts suspendus d'une roche à l'autre, des Bains, des Sources de Rivieres & de Fleuves, des Paturages rians &c. seront les sujets de cette suite de tableaux La planche d'essai ci-jointe donnera une idée de notre travail; elle est enluminée au pinceau; chaque tableau sera retouché par l'auteur même.

Pour rendre complete la satisfaction des Amateurs, une personne versée dans l'histoire naturelle fera le même voyage, dont les vues ont été peintes, & après avoir consulté la nature, elle donnera une description détaillée des objets qu'on y voit. On peut assurer le public, que ce texte ne sera, ni un extrait des ouvrages de Mr. GROUNER, cet estimable auteur de la description des Glacieres, ni un recueil d'ouï-dire: l'auteur de notre description est Suisse, il vit près des objets qu'il décrit, & par son expérience, ainsi que par ses lumieres, il sera en état de donner un ouvrage exact. Il mettra son travail sous les yeux du célébre Mr. DE HALLER, qui veut bien mettre une préface à cet ouvrage, le protéger, & l'aider de ses conseils.

Nous possédons actuellement 155 tableaux peints en huile, que nous invitons tous les curieux à venir voir; c'est d'après ces tableaux que seront copiées nos gravures enluminées; elles paroîtront dix-à-dix, & seront distribuées aux Souscrivans, qui ne payeront qu'à mesure qu'ils les recevront. Les engagemens de la souscription n'auront lieu que de dix-à-dix pieces, & chacun sera libre de la continuer ou cesser. De toute la collection présente, il ne paroîtra qu'un choix d'environ un tiers. Le texte se donnera gratis. Le prix sera de 3. L. 10. s. de Suisse, ou 35. baches par planche.

Les Amateurs qui voudront des tableaux peints en huile par le maître des originaux, pourront s'adresser chez l'Editeur, qui prie qu'on lui adresse les lettres franches de port.

NOMS

des dix premieres vues, de la premiere Souscription, qui sont prises dans la Vallée de Lauterbrounn, Canton de Berne.

N°. 1. Breitlauwinen, contre le Glacier du Breithorn.
2. La Vallée de Lauterbrounn avec le Staubbach contre les Glaciers.
3. Schiltwaldbach contre le Staubbach, pris en hyver.
4. Premiere chûte du Staubbach.
5. Seconde chûte du Staubbach, prise de sa gauche.
6. La même en hyver, de sa droite.
7. Glacier du Breithorn contre le couchant.
8. Chûte du Myrrenbach.
9. Glacier du Breithorn contre la Vallée de Lauterbrounn vers le Sud.
10. Herrenbæchli, pris en hyver.

PRÉFACE.

On m'a fait quelquefois l'honneur de me demander des préfaces; fouvent j'aurois préféré d'en être difpenfé; quand je n'étois pas convaincu du mérite d'un livre, je me trouvois fufpendu entre l'embarras d'un refus, & celui de parler d'un ouvrage dont j'aurois mieux aimé ne rien dire. Je me tirois d'affaire tantôt en rendant ma préface courte, tantôt en traitant quelque fujet, fans parler de l'ouvrage même, efpérant de contenter l'éditeur fans écrire contre mon fentiment. Occupé de cette préface, je n'éprouve rien de pareil; je m'y emploie avec le plus grand plaifir, & fi des vœux pouvoient avoir de l'efficace, j'en ferais pour que mon travail pût ajouter quelque récommendation à cet ouvrage, unique en fon efpece, & qui je crois, n'aura pas fitôt fon pareil. Les glaciers font encore peu connus des étrangers. On n'en trouve que dans les Alpes de la Suiffe, de la Savoye, des Etats d'Autriche & de Venife, qui vont enfin fe perdre en Dalmatie, où elles font trop baffes pour la formation des glaciers. Il eft étonnant que les académiciens de Paris qui ont voyagé dans les montagnes du Pérou & du Chili, dont la hauteur eft fi prodigieufe, & qui font neigées fur une fi grande étendue de pays, ne faffent point mention de glaciers. Sans doute que la neige éternelle des Andes fert, comme fur nos Alpes, de couverte aux glaces qu'on trouve fur les fommets, & qui produifent ce qu'en Suiffe on appelle les Glaciers. Sans doute auffi que les fommets des montagnes neigées du Pérou, au lieu d'être coupés à pic, ont une inclinaifon qui arrête la chûte des glaces; fur les Alpes, tantôt les orages accompagnés de tonnerre, tantôt l'air raréfié par la chaleur du printems, qui fait crever les voutes glacées, détachent des maffes énormes de glaçons, qui fe précipitent des fommets efcarpés dans les vallons inférieurs, fitués généralement au nord. Le voyageur éprouve, même en paffant dans un vallon affez tempéré d'ailleurs, un froid confidérable, caufé par les courans d'air qui traverfent les ouvertures correfpondantes aux glaciers. Il eft aifé de s'imaginer quel doit être le froid occafionné par des milliers de toifes de glaces ainfi raffemblées dans des vallons étroits. Les eaux qui s'amaffent pendant le jour par la fonte des neiges, caufée par l'action des vents chauds, aidés du tonnerre, fe précipitent en torrens des fommets des Alpes, & concentrées de nouveau par la froideur des glaçons détachés, auxquels elles vont s'unir dans les vallons, fe gélent, & vont former avec eux une feule maffe, qui reffemble quelquefois à une montagne applatie, quelquefois en couvrant d'une croute glacée des pointes de rochers, qui femblent s'élever de fon fein, à une mer agitée, qui auroit été fubitement gélée, fes flots reftans fufpendus. Les glaces ainfi amaffées dans ces vallons, étant de nouveau brifées par la force élaftique de l'air raréfié, font pouffées plus loin du côté feptentrional de la chaine des Alpes, & vont former une efpece de torrent de glace, en forme de plan incliné, tel qu'on en voit au Grindelwald; c'eft celui que les voyageurs vont vifiter. On doit donc confidérer les glaciers de la Suiffe comme partagés en trois portions; fur les fommets les plus élevés les glaces vont fe réunir d'un rocher à l'autre & forment des ponts ou voutes, que les habitans des montagnes nomment Firn; plus bas font les vallons glacés, qui s'étendent fouvent à plufieurs lieues de longueur; de ces vallons enfin fe détachent les glaçons en maffes, qui forment des plans inclinés, & vont fe rendre dans les vallons inférieurs. La mer glaciale, imaginée par un auteur, qui a écrit fur cette matiere, n'eft que le fruit d'une imagination vive, qui a confondu en un feul objet les différentes parties de nos glaciers. Son fiftême exclut entiérement ceux des fommets qui font les vrais glaciers dans le langage du pays; c'eft encore plus mal à propos qu'on donneroit le nom de mer glaciale aux plans inclinés qui forment la troifiéme divifion. Ce n'eft qu'à la feconde que ce titre femble convenir, à raifon de leur longue étendue. On connoit trop peu le vallon de glace, qui s'étend au nord de la chaine des Alpes qui fépare le canton de Berne du Valais. Sa longueur, depuis le mont Grimfel, en continuant vers le mont Letfcherberg, s'étend à vingt lieues. Le grand glacier, qui reçoit ſon nom du village de Vieſch, a quatorze lieues de longueur connue. Ce ſeroit contredire la nature & la vérité, que de préſenter tous les glaciers de la Suiſſe comme ne formant qu'une ſeule mer glaciale. Le mont Grimſel la coupe inconteſtablement; cette montagne ſépare les Alpes neigées qui s'étendent à l'oueſt juſques vers Bex, de celles qui ſe prolongeant depuis le mont Gothard, viennent ſéparer les cantons de Berne & d'Uri. Les neiges ſe fondent entiérement ſur le Grimſel pendant l'été, où l'on peut paſſer à pied ſec ſur les rochers nus. Le mont Gemmi interrompt à ſon tour la chaine des glaciers, qui s'étendent à l'eſt vers le Grimſel & à l'oueſt depuis les monts (*) Engſtlen vers Bex. Ce n'eſt pas ſeulement les vallons qui ſont remplis de glaces. On trouve, en parcourant les rochers des Alpes, un mélange ſans ordre de roches nues, d'autres roches enduites de glaces & de glaçons qui ſe ſont arrêtés en divers endroits de leur chûte. On trouvera dans cet ouvrage des répréſentations de ces différentes formes de glaciers.

(*) Il ne faut pas confondre cet Engſtlen avec un autre Engſtlen, qui eſt du côté d'Engelberg à l'eſt, & fort éloigné de la Gemmi.

Les glaces dont les ſommets des Cordelieres du Pérou ſont couverts ne ſe détachent point, ne rempliſſent point de vallons ſupérieurs, & ne déſcendent jamais dans les lieux bas. Leur ſtructure en rend raiſon. Les académiciens françois, qui ont monté ſur le Pichincha & ſur les ſommets de quelques autres montagnes neigées, y ont obſervé le barométre au-deſſous de 15 pouces, ce qui indique une hauteur qui ſurpaſſe celle des plus hautes Alpes de quelques milliers de pieds; ils y tranſporterent des tentes, des inſtrumens, en un mot, ils y ſubſiſterent. Il ſeroit impoſſible d'en faire autant, ou de s'élever aux ſommets de nos Glaciers, qui ſont trop eſcarpés. La partie du mont Furca où l'on peut monter, n'eſt qu'un vallon reſſerré entre des pointes de rochers inacceſſibles. Je ne connois aucun indice de Glaciers dans d'autres endroits du globe terreſtre. Selon le témoignage de Mr. Pallas il n'y en a point en Siberie; peut-être en trouve-t-on en Grœnlande, à moins qu'on n'aime mieux regarder toute cette contrée comme une ſuite de glaciers, qu'on ne peut pas traverſer, parce qu'on ne trouveroit de ſtation que ſur la glace. Les détroits qu'on trouve dans ces mers ſont aujourd'hui couverts d'une croute glacée, & ne ſont plus mer; on ne les trouve ſous cette forme que dans les cartes.

Apres tout ce qu'on vient de dire, on ne ſauroit qu'approuver la curioſité de ceux qui, n'étant pas à portée de voir des glaciers, cherchent du moins à s'en faire une idée par des deſcriptions bien faites; mais rien n'eſt plus propre à cela que des deſſeins faits avec exactitude. J'oſe promettre que l'ouvrage que j'annonce remplira l'attente des lecteurs. Huit voyages différens que j'ai faits à la chaine ſeptentrionale de nos Alpes m'ont mis en état de juger de l'exactitude & de la fidélité des deſſeins qu'on donne aujourd'hui au public. Mais je convaincrai mieux les lecteurs du mérite de cet ouvrage, en rendant compte des travaux de Mr. Wagner; & des moyens dont il s'eſt ſervi pour faire un ouvrage auſſi exact que ſurprenant.

Lui-meme poſſéde le talent du deſſein; il engagea un peintre nommé Wolf, avec lequel il parcourut pluſieurs années de ſuite les Glaciers du canton de Berne, ſitués au nord de la grande chaine des Alpes, qui ſéparent le Valais d'avec ce canton. Il ſeroit impoſſible de ſuivre cette chaine dans ſa longueur (*). Pluſieurs côtes ou dos de montagnes, qui ſe détachent de la grande chaine, vont ſe prolonger vers le nord, & s'inclinent vers la partie moins élevée du canton. Entre ces dos de montagnes on trouve des vallons, traverſés par autant de torrens, qui ſe réuniſſent la plûpart pour former le cours de l'Aar. Tous ces vallons ſe rapprochent vers le ſud, ſous un angle obtus; le plus petit nombre ouvre des paſſages vers le Valais. Pour connoître les Glaciers de notre pays, il eſt indiſpenſable de faire un voyage ſéparé à chacun de ces vallons; & l'on ne peut pénétrer à leur naiſſance qu'avec le ſecours de quelque guide montagnard, ſans chemin, ſans trouver même de ſentier, en graviſſant des rochers, & ſe ſervant ſouvent des pieds & des mains à la fois. Les Glaciers même ſont entrecoupés de crevaſſes qui aboutiſſent aux voutes formées entre les rochers & la glace, d'où les fleuves prennent naiſſance. Ces crevaſſes ſont très-ſouvent couvertes de neige. Le ſavant auteur de la deſcription que nous annonçons, & qui ſervira de texte à nos planches, s'eſt trouvé une fois ſur le point de périr, en paſſant, ſans le ſavoir, ſur un de ces abîmes couverts. Déja la neige cédoit ſous le poids de ſon corps, il alloit être enſeveli dans le plus effroyable tombeau, ſans le ſecours d'une perche que ſon guide lui tendit à propos. Je me rappelle d'avoir couru deux fois le même danger. En 1730 je paſſai, ſans me douter de rien, ſur une de ces voutes de neige. L'année ſuivante, je traverſai les mêmes endroits; de quelle horreur ne fus-je pas ſaiſi, en m'appercevant alors ſeulement, que j'avois paſſé un pont de neige, qui s'étoit formé ſur un vallon profond, dans lequel je déſcendis cette fois, & dont je n'avois pas ſeulement ſoupçonné l'exiſtence l'année précédente! Je fis, en 1756 en compagnie de quelques-uns de nos premiers Magiſtrats, un voyage au val Lauterbrunn, & juſques au Glacier qu'on appelle Steinen-Gletſcher. Il y avoit vingt ans que je n'avois voyagé dans les Alpes; l'attrait de cueillir nombre de plantes curieuſes m'entraina; un curé, qui m'accompagnoit, paroiſſoit inquiet, & me preſſoit de ne pas m'arrêter; une pluie me chaſſa. Le même ſoir un orage accompagné d'une groſſe pluie entraina une portion de la montagne, & la place où quelques heures auparavant je cueillois des plantes, fut couverte & enſevelie ſous des amas de glaces & de rochers. Mr. Wagner a couru plus d'un danger ſemblable.

(*) La langue françoiſe n'a point de ſubſtantif qui exprime un aſſemblage de montagnes, portant le même nom; ce que les Allemands expriment par le mot Gebirg; mot néceſſaire pour l'intelligence de ces ſortes de deſcriptions.

PRÉFACE.

Son premier voyage le conduisit par le Muhlithal à la montagne d'Engstlen, une des plus hautes de la chaine qui sépare vers l'orient le val Hasli des cantons d'Uri & d'Unterwald. Il se trouva élevé considérablement au-dessus du lac Engstlen. On verra dans la partie de cet ouvrage, qui décrit ces contrées, que ce voyageur y a vu des rochers calcaires, situés dans une hauteur prodigieuse, qui s'élevoient perpendiculairement dans les airs depuis la base d'une espece de plaine, & se retrecissoient par le haut en forme d'épées tranchantes. Dans un second voyage, il se rendit au mont Grimsel, & visita les Glaciers appellés Finsteraar, & Lauteraar-Gletschers, où l'on trouvoit autrefois tant de cristaux. Ce fut dans ces déserts effroyables que son compagnon, le peintre Wolf, dessina plusieurs vues. Son troisiéme voyage le conduisit au val Grindelwald, & un quatriéme au Lauterbrunn. Il ne se contenta pas, comme les voyageurs ordinaires, de suivre des routes battues; il gravissoit sur les glaciers les plus élevés qui se présentent dans les originaux; il s'approcha du Glacier de Breithorn, d'où il auroit pu pénétrer dans le Valais avec moins de peine & de danger, qu'en redéscendant au val Lauterbrunn. On ne connoît qu'un seul exemple cependant, de gens qui aient passé par ces endroits; cette entreprise fut exécutée par des montagnards Bernois, qui se trouvant en Valais dans le tems de la malheureuse guerre de 1712, s'enfuirent, chassés par la crainte des Vallaisans, & passerent à travers les glaces & les neiges avec le danger continuel d'y perdre la vie. On dit que dans des tems plus reculés il y avoit une route pratiquée d'un de ces pays à l'autre, mais qui a été dès longtems ensevelie dans les neiges & la glace. On ne peut contester une triste vérité, c'est que la glace augmente continuellement de volume dans le bas des Alpes les plus hautes, par les monceaux qui se détachent des sommets des rochers, & que plus d'un pâturage verd & fertile a été enseveli dans ces ruines effroyables.

Mr. Wagner, dans un cinquiéme voyage, passa le mont Gemmi & quelques montagnes voisines, d'où il se rendit au Siebenthal, & au beau Glacier d'où sort la Siebnen qui a sept sources, dont elle a reçu son nom, changé par abus en celui de Simmen, qu'elle porte aujourd'hui. La route que Mr. Wagner franchit dans cette course étoit effrayante & presque inconnue. Il faut excepter un Baillif Bernois de ces contrées, qui trouva dans ces mêmes rochers un chemin jusques-là inconnu, qui le conduisit depuis le matin jusques à trois heures après diner aux bains de Leuck en Valais, où il ne seroit parvenu, en suivant les routes ordinaires, qu'après vingt heures de marche.

Un sixiéme voyage conduisit Mr. Wagner au Val Lauinen, où il a vu des Glaciers considérables. Il lui reste à voir le val du Chatillon, qu'il compte de visiter dans une derniere course. Non content de tant de dangers & de fatigues, il se propose de sacrifier à la perfection de son ouvrage des courses repetées. Déja en 1776 il a été voir une seconde fois les montagnes & les vallées de Grindelwald, Lauterbrunn, le mont Scheidegg, la vallée de Hasli, les lacs de Brienz & de Thun; il se propose de retourner à la plûpart des lieux où ses vues ont été dessinées, pour rectifier ce qu'il pourroit y être resté de fautes. Rendons lui justice; il fait plus, dans le désir d'être utile & exact, qu'on ne peut prétendre des travaux d'un homme. Mais il est vrai, & ceux qui ont voyagé dans les Alpes le savent, que les obstacles que les brouillards & les pluies opposent au travail du dessinateur, les aspects souvent trompeurs, & variables à chaque instant selon la différente position de l'œil de l'observateur, justifient la nécessité de ces travaux réiterés, pour faire quelque chose d'exact.

Le fruit de tant de voyages consiste dans une collection de 170 tableaux, peints en huile, de la main de Mr. Wolf, représentant des cascades, des glaciers, & d'autres vues remarquables de nos Alpes, qui seront gravées & distribuées successivement au public, par livraisons de dix planches. Il seroit bien triste qu'une entreprise aussi intéressante, & que vraisemblablement personne ne tentera après lui, manquât d'encouragemens de la part du public. Elle exigeoit non-seulement les talens du dessinateur, mais un courage intrépide, prêt à braver les dangers & les fatigues des voyages, un sacrifice très-considérable de sa fortune, employé à payer l'artiste & les frais des courses; qualités & conditions qui se rencontrent difficilement chez le même homme.

Nous n'avons qu'indiqué la partie la plus frappante de ce travail. Mr. Wagner est allé plus loin. Il a cru que le public attendroit de lui une description de ce que l'histoire naturelle offre de richesses des trois regnes dans nos Alpes. C'est Mr. Wyttenbach, Pasteur de l'hôpital de Berne, qui s'est chargé du texte de cet ouvrage; il a lui-même fait plusieurs voyages, pour se rendre capable de l'exécuter. La nature lui a donné la tête & les jambes nécessaires pour atteindre & pour bien juger ce qu'on trouve de remarquable sur ces sommets si difficiles à parcourir. Il est en état de joindre des descriptions utiles aux tableaux majestueux que le pinceau de l'artiste a dessinés. Je ne dois pas oublier de dire, que Mr. Wagner n'a pas négligé, outre les singularités de la nature, de faire dessiner les ponts hardis, & d'autres objets remarquables, qu'on ne trouve guere que dans les Alpes.

PRÉFACE.

On jugera aisément, que l'ouvrage que nous venons d'annoncer, ne ressemble pas à des recueils qui ont paru depuis peu, où l'on ne trouve que des gravures assez peu intéressantes, accompagnées d'un bout à l'autre d'exclamations entassées par des gens qui ne connoissent ni plantes, ni animaux, ni minéraux, en un mot, qui sont également étrangers dans tous les regnes de la nature.

Je finirai par relever ici une erreur qui s'est glissée dans la gazette de Gœttinguen ; où le prix de ces planches est annoncé à 1 Reichsdaler la piece. Il seroit impossible de livrer un tel ouvrage à si bon prix. Mr. Wagner l'a fixé à 35 baz. argent de Berne, qui répondent exactement à 5 L. 5 s. argent de France.

Berne 23 *Juin* 1777.

Haller.

Ad: Dunker inv: & del: — Joh: Störklin sculpsit.

DESCRIPTION

d'un Voyage fait en 1776 dans une partie des Alpes du Canton de Berne.

Par

JAC. SAM. WYTTENBACH,

Pasteur du grand Hôpital & Membre de la Société Economique de Berne.

IL y a déja quelques années que le Sr. WOLF, peintre habile, alla peindre fur les lieux différentes vues de la vallée (*) Lauterbrunn avec la plus grande précifion, & acheva enfuite fes tableaux. La variété infinie des fites lui ayant fait craindre d'avoir quelquefois manqué la vérité, il fit un fecond voyage, où comparant fon travail avec la nature, il corrigea ce qui pouvoit s'y être gliffé d'erreur. Une defcription des objets que le pinceau offre aux regards m'ayant paru devoir ajouter au mérite des tableaux, je réfolus de m'en charger; & j'entrepris un voyage que j'avois déja fait précédemment, dans l'intention d'y recueillir des obfervations qui pourroient fervir un jour à l'hiftoire naturelle de la Suiffe.

(*) Il faut avertir pour une fois & toutes, que dans cette traduction on a confervé dans tous les noms propres l'orthographe allemande, ainfi, par exemple, en écrivant Thun, les lecteurs fauront qu'on doit prononcer Thoun.

JE partis de Berne le 27. Juillet 1776 de grand matin, pour arriver en un jour à Lauterbrunn, accompagné du Sr. WOLF & d'un ami. Nous arrivâmes en quatre heures de tems à Thun, petite ville fituée à la tête du lac qui en porte le nom. Cette ville étoit autrefois le chef-lieu d'un comté, qui avoit paffé de la maifon de Zæringue à celle de Kyburg, de celle-ci à la branche de Habspurg qui prit le même nom, & fut réuni en 1384 à la domination de Berne. La fituation de Thun eft des plus belles; on découvre depuis les hauteurs qui la commandent une vafte plaine & le lac, dont la vue eft terminée par différentes montagnes & couronnée par les Alpes. Cette vue a été parfaitement rendue dans un des tableaux du Sr. ABERLI, qui fe fait tant d'honneur par fa collection de payfages Suiffes. La contrée des environs de Thun porte d'excellens arbres fruitiers, qui fourniffent la ville de Berne. On commence cependant à appercevoir ici le climat des Alpes, qui s'élevent dans le voifinage derriere les plaines & les forêts. Au midi de Thun des vignobles confidérables s'étendent depuis Steffisburg jufques à Oberhofen;

leurs vins ne sont pas estimés, & ne sont guère consommés que par les habitans de ces contrées.

Les montagnes les plus voisines méritent des recherches sur différens indices de minéraux, & particuliérement de charbons fossiles qu'on y a découverts. Je fais peu de cas d'une tradition commune ici d'indices de vif-argent, mais qui ont toujours échappé à différentes personnes instruites, quand on a voulu vérifier ce bruit populaire sur les lieux.

Nous arrivâmes dans le voisinage du lac par une promenade agréable. A peine étions nous embarqués, que le tableau le plus riche s'offrit à nos regards. Vers le nord nous découvrions l'horizon terminé par la nuance adoucie des montagnes qui semblent s'abaisser contre Berne. Plus près de nous le Stockhorn, placé au milieu d'une chaine de montagnes, présentoit sa face septentrionale, & s'élevoit avec majesté depuis les plaines fertiles qui sont à ses pieds. Le lac est entouré de collines, qui forment le bas d'un amphitéatre, terminé dans le lointain par les masses énormes des montagnes couvertes de neige & de glace. Des vergers, des pâturages fertiles forment un côté du tableau; tandis que de l'autre on voit des rochers dont les masses coupées à pic semblent plonger au fond du lac, & menacent à chaque instant d'une chûte prochaine. Le mont Niesen, qui paroit être détaché des autres montagnes, fier de sa propre beauté, éleve sa tête altiere par-dessus de sombres forêts. Il semble braver son voisin le Stockhorn, sur lequel il a l'avantage par sa fertilité.

Le lac de Thun a cinq lieues environ de longueur, sur une lieue au moins de largeur. Il est très-profond en quelques endroits, surtout du côté où des rochers escarpés le commandent. La navigation seroit fort périlleuse, à cause de la difficulté d'aborder, mais heureusement les tempêtes y sont très-rares. Il y a cependant quelques exemples de naufrages; & le dernier des nobles de la maison de Bubenberg y a péri près d'un rocher du côté de Spiez, dont la Baronie a passé de lui à la maison d'Erlach.

Le lac est poissonneux, & sa pêche fournit la ville de Berne en abondance. Scheuchzer & Gruner ont déja indiqué une partie des especes de poissons qu'on y prend. L'Anguille, *Murena Anguilla*, qu'on trouve dans toutes les eaux douces de l'Europe, ainsi que dans la mer, se pêche ici quelquefois en abondance. La Truite saumonée, *Salmo lacustris*, Linn., dont la forme & la couleur, semblable au saumon, lui ont fait donner ce nom, se trouve ici. Elle vit aussi dans les lacs de Constance, de Zurich & de Genève, souvent dans les rivieres de Suisse, & remonte jusques au Val Lauterbrunn, où l'on en prend quelquefois de très-grandes. Dans le lac de Genève, on en a pris de 50 livres pesans, & si l'on en croit Wagner (*), il y en a eu de 62 livres dans le siécle passé. Ce poisson quitte les lacs après la St. Jacques, va frayer dans les rivieres, & reçoit un autre nom dans quelques endroits, celui d'Ilanke. Le goût en est excellent; on le trouve aussi en Allemagne & en Norwege. Le Thyn, *Salmo Thymallus*, Linn.; encore jeune on le nomme en quelques endroits de la Suisse Eschling, diminutif d'Esch ou bien Iser. On le trouve non-seulement ici, mais dans les rivieres;

(*) Hist. nat. Helvetiæ, p. 220.

il se nourrit d'insectes, du fray des saumons, & devient souvent de la taille des truites. Il fraye en Mars. Wagner en a vu du poids de 3 livres. Le Barbeau, *Cyprinus Barbus* Linn., se trouve plus fréquemment dans les rivieres que dans les lacs; ce poisson est d'un meilleur goût vieux que jeune, ce qui n'est pas de même de toutes les especes; on le trouve quelquefois en Suisse de 8 à 9 livres pesant. Il est défendu de le pêcher entre le 1. & le 25. Juin, saison où il fraye. La Carpe, *Cyprinus Carpio*, Linn. qu'on trouve dans le Volga près de Casan de la longueur de 3 brasses, mais qui dans nos eaux n'a que deux brasses (*). Le Mennier ou Vilain, *Cyprinus Cephalus*, Linn. qu'on ne trouve pas seulement dans ce lac, mais dans la plûpart des eaux de la Suisse, excepté le lac de Constance, où selon Gesner il n'existe pas. Sa chair n'est bonne que dans les eaux fraîches, & fort inférieure en goût dans les lacs & les étangs. Le poisson que nous appellons Alet en Suisse est très-différent du poisson que les Allemands appellent Alant, & qui ne se trouve pas chez nous. Le Blauling & le Balch, que Linnæus semble avoir désigné sous le nom de *Cyprinus Leuciscus*, en François Dard ou Vaudaise, ne sont pas encore bien déterminés pour l'espece. Le Hasel de Suisse appartient à la même espece. Il paroit que le Blauling, qu'on appelle dans le lac de Bienne Wingerling & à Zurich Langelin, prend le nom de Balch quand il devient plus grand; c'est vraisemblablement le *Cyprinus Gardo* de Gesner. Le Gutschen, Krüschling, *Cyprinus Gobio* de Linn. se trouve ici & dans le lac de Genève, & dans toutes les rivieres de Suisse, c'est le Goujon; on l'estime peu chez nous; selon Willoughby, il est recherché en Angleterre. Le *Cyprinus Nasus*, Vilain, & le *Cyprinus Brama*, Brême, se trouve aussi dans le lac de Thun. Le *Gadus Lotta*, Barboul, se trouve de fort grande taille ici; comme Gesner l'atteste, on en prend de 8 livres pesant. Selon Scheuchzer on trouve de ces poissons dans un lac près de St. Maurice dans les Grisons du poids de 18 livres. Le *Perca fluviatilis*, Perche, s'appelle ici Egli, & quand il est encore petit, Heurling, de même que dans le reste de la Suisse. Le *Cobites Barbatula*, qu'on appelle ici Grundellen, Loche franche; le Brochet, *Esox Lucius*, se pêchent ici. Je parlerai ailleurs des poissons qu'on nomme ici Albock. On a mis à Thun un inspecteur qui veille sur tous les pêcheurs du lac, qui sont affermentés; il livre les deux tiers de tous les poissons qu'on pêche, contre payement comptant, à un inspecteur établi à Berne. Des réglemens souverains interdisent la pêche de différens poissons dans les saisons où ils frayent, par exemple la Truite depuis la St. Michel au nouvel-an; le Barbeau depuis le 1. jusques au 25. Juillet; le Thyn par tout le mois de Mars, &c.

(*) La brasse ou aune de Berne a 22 pouces du pied de roi.

Le torrent Kander se jette dans ce lac au-dessous de Wimmis, & dépose des quantités immenses de sable & de pierres, qui ont couvert plusieurs centaines d'arpens de terrain, où il a crû toutes sortes d'arbustes. Ce torrent destructeur prend naissance sur les pâturages de Gaster, d'où il va traversant le pays de Frutingen & se dégorge aujourd'hui par un canal qui a été creusé à grands fraix; il entraine continuellement avec lui dans le lac quantité de pierres & de graviers, qui élevent ses bords, & repoussent ses eaux vers la rive opposée du côté d'Oberhofen; c'est du moins l'opinion reçue des habitans, qui paroît vraisemblable (*).

(*) Autrefois la Kander se rendoit dans la riviere de l'Aar au-dessous de Thun, & ravageoit un terrain immense par les graviers qu'il entraînoit avec impétuosité. *Note du Traducteur.*

QUAND on est avancé plus haut qu'Oberhofen, & vers le milieu du lac, on découvre plus distinctement différentes chaînes de montagnes dont il est à propos de dire quelque chose. Dans le lointain, du côté de Berne, on voit le Lengenberg s'élever insensiblement en s'allongeant vers la chaîne de montagnes où est le Stockhorn. C'est vers le haut Gurnigel, où est la plus grande hauteur, que la premiere de ces deux chaînes va se réunir à la seconde près du mont Neunenen. Elle est composée de pierres de grais, Sandstein, & renferme en plusieurs endroits de grands amas de pétrifications. On trouve quelquefois dans cette chaîne des masses détachées de pierres calcaires noirâtres à veines blanches, très-propres à bâtir, & qu'à Berne on appelle marbre bâtard.

LA seconde chaîne de montagnes, qui a sa direction de l'occident à l'orient contient les sommets du Ganterisch, Neunenen, Ochsenkopf, Stockhorn, &c. Ces montagnes ne sont pas neigées toute l'année. La chaîne se termine par une roche qu'on appelle Reutigerflue, où elle tourne & fait face, du côté méridional, au Simmenthal. Toutes ces montagnes sont calcaires, & contiennent très-peu de pétrifications. Plus loin, vers l'orient, le mont Niesen termine la chaîne qui sépare le Simmenthal du pays de Frutingen, & qui ne contient presque d'autres pierres que de nature calcaire. On voit dans une autre direction, & plus avant vers l'est, les montagnes du Kanderthal au-dessus desquelles s'élevent plus loin les grandes Alpes, couvertes de glaces éternelles, qui s'étendent depuis la Gemmi vers le Jungfrauhorn, & séparent le canton de Berne du Valais.

Depuis Spiez une montagne moins élevée, dont le sol est fertile, s'étend en longueur, & s'élevant au village d'Eschi, après avoir atteint la plus grande hauteur au-dessus de Leissigen, s'abaisse insensiblement vers Unterseen, où elle porte le nom d'Abendberg, & va se perdre dans la plaine, après y avoir jetté deux collines détachées, qui semblent en être des excrescences, & portent le nom de grand & de petit Rugen. C'est là que passe le chemin qui conduit au val Lauterbrunn. Toute cette montagne est encore calcaire, & s'abaisse vers les ruines du château d'Unspunnen, en finissant par des couches noirâtres schisteuses.

LA côte septentrionale du lac présente le Beatenberg, ou montagne qui a reçu ce nom de la grotte qui fut, selon la tradition du pays, la demeure de St. Beat, & dont je parlerai ailleurs. Les couches calcaires de cette montagne plongent du côté du lac, ce qu'on voit aisément au moyen des côtes coupées à pic qu'elles offrent aux yeux. Cette montagne s'étend vers le nord & va se joindre aux montagnes de Tschangnau vers le canton de Lucerne.

NOUS arrivâmes, après une navigation d'environ cinq heures, pendant laquelle nous dinâmes commodement sur notre bâteau couvert, à la tête du lac, d'où nous vîmes à une petite distance les ruines du château de Weissenau (*), situé sur une petite isle près de l'embouchure de l'Aar qui tombe dans le lac au pied de l'Abendberg. Nous mimes pied à terre à la Maison-neuve, où il y a un dépot pour les marchandises qui vont de l'Oberland passer le lac. Un chemin qui traverse des plaines fertiles, ornées d'arbres fruitiers, nous conduisit à Unterseen, où nous fimes porter notre bagage.

(*) On trouve parmi les tableaux peints en huile par le St. Wolf une vue des ruines de Weissenau, qui forme avec la tête du lac, un paysage agréable. Nous ferons connoitre cette collection, dont tous les tableaux ne seront pas gravés; pour éviter la trop grande dépense de cette entreprise.

UNTERSEEN est une petite ville ou bourg assez mal bâti dont les maisons sont de bois. Elle a passée successivement sous la domination des nobles d'Oberhofen, de Ried, de Wædenschwyl, des maisons d'Autriche & de Kyburg, des barons de Brandis, des Hallwyl, & des comtes de Hohenzollern, qui vendirent tous leurs droits à la ville de Berne en 1400. Cet état y établit un Baillif, qui porte le titre d'Avoyer. Unterseen quoique de peu d'importance, jouït de beaux priviléges, & a le droit d'élire son curé.

LES voyageurs admirent le grand tilleul placé devant l'auberge; sa tige a 5 pieds dans son plus petit diametre & 8 pieds dans le plus grand; desorte qu'il n'est pas comparable à celui qu'on dit exister à Neustadt sur la Cocher, qui doit avoir 27 pieds d'épaisseur & dont l'ombre a 403 pieds de tour (*). Les châtaigners du mont Etna, dont Mr. BRYDONE a parlé dans son voyage de Sicile, doivent être plus grands aussi. On trouve quelquefois des productions gigantesques dans le regne végétal, qui excitent notre surprise. ADANSON, dans sa description du Sénégal, a parlé de l'arbre Baobab, dont le tronc a 12 pieds de haut; les branches 55 pieds de long, la tige 70 pieds d'épaisseur, & dont les racines portent 100 pieds en terre, comme d'une végétation ordinaire dans ce pays.

(*) HOPPE dans les Physicalische Belustigungen de MYLIUS, Tome II. p. 329.

AUTREFOIS la pêche des Albocks étoit fort abondante près d'Unterseen, & rendoit à l'Avoyer un profit annuel de 500 gulden; cette pêche est aujourd'hui presque réduite à rien. Ces poissons remontent le lac & l'Aar, & viennent jusques à une digue construite de façon à former un angle aigu avec les bords, qui est fermé par une ruche. On attribue la diminution de cette pêche à la rudesse des eaux de la Kander, qui se jette aujourd'hui dans le lac par le canal dont j'ai parlé ailleurs. Cette cause peut y avoir contribué; mais ce n'est pas certainement par la rudesse de l'eau, que ce poisson aime; voici d'autres raisons: les eaux du lac s'élevent d'année en année, par conséquence l'Aar en entraîne d'avantage par son embouchure près de Thun & avec plus de rapidité; peut-être que c'est ce qui sépare ces poissons dans leur marche; les uns vont du côté de la Kander, & montent au pays de

Frutingen, d'autres retournent par le chemin qu'ils étoient venus & descendent l'Aar, une partie enfin s'arrête dans les endroits bas & profonds que la Kander a creusés à son entrée dans le lac, où les eaux sont les plus fraiches. Peut-être aussi qu'on a détruit ces poissons par l'abus de la pêche, ce qui n'arrivoit pas autrefois dans le tems où cette pêche appartenoit pour la plus grande partie au couvent d'Interlacken, qui la gardoit pour son usage.

Il paroit que l'Albock répond à la description du *Salmo Lavaretus* de Linn., & qu'il ne diffère pas du poisson qui porte dans le lac de Brienz le nom de Brienzling & dans le lac de Sursée le nom de ce dernier; la différence n'est que dans la taille. S. G. Gmelin l'a trouvé en Russie près de Woronesch, & lui a donné le nom de Gangfisch (*). Je mets ici, pour la satisfaction des curieux, les caractères de cette espece de poisson.

(*) Voyage en Russie, Tome I. page 61.

Pinnæ pectorales 2, *radiis* 18.

Pinnæ abdominales 2, *radiis* 12. ou suivant Gmelin 11 ou 13.

Pinna ani unica, post anum, radiis 12, *cum sustentaculo radiis molliore.*

Pinna dorsi in medio corporis, radiis 13, *primo capiti proximo brevissimo, secundo majore, ceteris maximis.*

Pinna dorsi secunda, caudam versus adiposa.

Cauda forcipata.

Ayant eu occasion d'observer l'automne derniere ce poisson venant du lac de Bienne, où il porte le nom de Balch, j'y ai encore remarqué les caractères suivans. La nageoire de la queue, partagée en deux, a 21 rayons; la couleur du dos est d'un bleu obscur, les côtés argentés, le ventre blanc mais sans éclat; la tête conique finissant en pointe. Les plus grands de ces poissons, dans le lac de Bienne, sont du poids de 4 livres.

Apres avoir arrangé nos affaires, nous quittâmes Unterseen & passâmes l'Aar, qui se partage en plusieurs bras, & arrose ce pays des plus belles eaux. Nous laissâmes à notre gauche le Grand Harder, montagne qui se présente depuis le Neuhaus en forme de cone, & dont les couches, de pierre calcaire, ont leur direction du Nord au Sud. Le vallon de Habcheren s'ouvre vers le Nord; le torrent Lombach en sort pour se réunir aux eaux de l'Aar. Des plaines fertiles nous conduisirent derriere le petit Rugen, d'où l'on découvre de plus près les Alpes qui semblent s'élever au ciel, & terminées par les sommets neigés de la Jungfrau, qui surpasse en hauteur toutes les autres montagnes dont elle est entourée. C'est dans ce vallon qu'on voit au pied d'une colline les ruines vénérables du château d'Unspunnen, monument du tems féodal, auquel ont succédé les siécles de la liberté & le bien-être (*). Les murs de ce château, d'une masse très-considérable, commandent la plaine, & formoient autrefois une place forte. Il étoit habité par des Seigneurs particuliers, desquels il passa aux comtes de Kybourg, qui vendirent leurs droits à la ville de Berne vers la fin du XIV. siécle; Berne les céda pour une somme d'argent à l'Avoyer Louis de Seftingen & à Nicolas de Scharnachthal, chevalier, & les racheta de leurs héritiers en deux fois, l'an 1479 & 1515. Ces droits ont été réunis au Bailliage d'Unterseen.

(*) On voit ce château & le lac de Brienz, dans un des tableaux de la collection de Mr. Wagner.

Au-dessus du village de Wilderswyl on voit le Sulsberg, qu'un vallon sépare de la montagne qui est à l'Occident. Un torrent, qu'on nomme Saxeterbach sort de cette ouverture & se jette dans la Lutschinen. On donne le nom de Rothenflue, (roche rouge), à la partie inférieure du Sulsberg, où l'on voit une veine de fer minéral rougeâtre dans le roc qui est escarpé, & une ouverture d'où l'on a autrefois tiré de la mine. Près de cet endroit les eaux du Rothbæchlein & du Wengenbach se précipitent dans la Lutschinen. Le second de ces ruisseaux qui n'a presque point d'eau en tems sec, croit si fort en tems de pluie, qu'il entraîne avec lui de gros morceaux de rochers. Depuis cet endroit le vallon se retrecit considérablement entre les montagnes élevées qui le bornent, & laisse à peine un passage à la Lutschinen, dont les deux branches se réunissent près du hameau de Zweylutschinen; l'une sort du val Lauterbrunn & l'autre du val Grindelwald; on voit de cet endroit une partie du Mettenberg. Les chemins y deviennent plus étroits & pierreux, & plus on avance vers le Lauterbrunn, plus l'horreur de cette contrée solitaire augmente. Des rochers dépouillés de verdure menacent de toute part une chûte prochaine; cependant on découvre derriere leurs cimes des pâturages fertiles, qui entretiennent des troupeaux nombreux. Des torrens impétueux se précipitent avec fracas du sommet des précipices, & après s'être séparés dans leur chûte en forme d'un brouillard, ils se rapprochent dans la plaine pour former des ruisseaux limpides. Le silence funebre du vallon n'est interrompu que par le bruit imposant des eaux de la Lutschinen, qui vont frapper avec fureur contre les rochers qui les tiennent prisonnieres.

Tantot le chemin vous conduit à travers des forêts sombres, dont la fraicheur annonce l'approche des glaces éternelles qu'on va voir; tantôt l'œil est frappé des débris entassés de masses de rochers arrachées par leur propre poids des sommets voisins; des arbres renversés, couchés sur des pâturages autrefois fertiles, servent de témoins & de monumens des ravages causés par ces chûtes; de grandes masses de rochers qui ont roulé jusques dans le torrent, retardent son cours & augmentent l'horreur du tableau. Plus loin, les chaînes opposées des rochers semblent vouloir fermer le passage; & bientôt après, en s'éloignant, elles offrent de nouveaux sites & de nouveaux sujets d'étonnement (*).

(*) Je vis près de Zweylutschinen plusieurs masses énormes de rochers, aussi grands que des maisons, qui, après s'être précipitées du côté occidental des montagnes dans le vallon, avoient laissé en terre plusieurs enfoncemens profonds, causés par la force de leur chûte, où ils avoient déplacé des amas de terre, qui forment autour des mêmes creux des especes de remparts.

Fatigues d'une route si pénible, nous apperçûmes le village de Lauterbrunn, terme de notre premiere & longue journée; son aspect riant, ses maisons placées dans de belles prairies, sembloient nous inviter de loin à venir reposer dans ces demeures fortunées de la paix & de la tranquilité.

L A

La crainte d'un très-mauvais gîte dans le cabaret du lieu nous engagea à loger chez le curé, qui nous accueillit très-bien; nous y fimes la rencontre agréable d'une Dame, dont le goût, trop rare malheureusement, pour la contemplation de la nature devroit servir de modele à son sexe; sa conversation, qui respiroit l'humanité, nous fit passer le reste de la soirée très-rapidement.

Le lendemain, 28. Juillet, nous nous levâmes de grand matin pour nous préparer à mesurer la hauteur du Staubbach. Le Sr. Wolf escorté de quelques hommes, munis d'armes à feu & de ficelles que nous avions apporté avec nous, se mit à gravir vers le haut du mont, d'où cette célébre cascade se précipite. Il avoit une heure de marche à faire; pendant ce tems je fis plusieurs observations dont je rendrai compte, & quand je crus que mon compagnon de voyage devoit être arrivé, je me rendis avec notre honnète curé au bassin où la cascade se réunit; je ne tardai pas d'appercevoir nos gens au sommet qui paroissoient petits comme des mouches, & faisoient retentir les échos de leurs voix. Un coup de pistolet donna le signal de l'instant où la pierre, enveloppée dans une feuille de papier, descendoit lentement du haut du rocher. La pierre s'arrêta à moitié chemin sur un banc de pierre; nous en donnâmes avis par un coup de fusil. Ils essayerent inutilement de la retirer, il fallut l'abandonner. Nous étions dans un grand embarras, n'ayant plus de ficelle; mais les gens du lieu qui s'étoient assemblés par curiosité se chargerent officieusement de ramasser toutes les cordes du village. Pendant qu'ils couroient à cette besogne, quelques jeunes gens se rassemblerent dans une prairie, pour nous donner le divertissement de la lutte, en usage parmi eux. Un cercle de villageois se forma à l'instant autour des combattans; quelques pieces de monnoie que nous distribuâmes parmi les vainqueurs attirerent de nouveaux athletes, qui déployerent leur force & leur adresse devant nous, & mêlerent à leur jeu tout l'appareil d'un combat sérieux. Les regards de quelques jeunes filles qui, au lieu de couronnes olympiques, animoient les lutteurs par des cris de joie & des battemens de mains, contribuerent au plaisir & à l'ardeur du combat.

Il fut bientôt interrompu par un coup de pistolet tiré du haut de la montagne, qui attira tous les spectateurs à voir descendre une boule de bois entourée de papier qu'on avoit attachée aux cordes. Elle arriva lentement jusques à terre, & la corde, qui étoit nouée de plusieurs pieces, fut mesurée incessamment dans la cour du curé; nous trouvâmes la hauteur de la cascade de 150 toises ou 900 pieds de Berne. Il n'est pas impossible que la corde ait pris un peu d'humidité, qui ne peut cependant avoir occasionné qu'une erreur légere. Il nous suffit, de pouvoir assurer, que ceux qui l'ont indiquée de 1100 pieds, se sont trompés, & que la hauteur de 816 pieds de roi, indiquée par d'autres, s'accorde d'assez près avec notre mesure de cette célébre cascade. Ce travail étant achevé, nous fimes apporter du vin, nos honnêtes villageois formerent un cercle, & se mirent à nous raconter avec une naïveté agréable les singularités de leurs vallons, & à décrire leur genre de vie. L'un racontoit les voyages de sa jeunesse sur des sommets presqu'inaccessibles, d'où il avoit découvert une vaste étendue de montagnes; l'autre faisoit le détail des ruses qu'il pratiquoit à la chasse des chamois, & des dangers qu'il y avoit courus; un autre nous parloit de la direction des vents & des orages, & nous expliquoit la formation des nuées dans les hautes montagnes; &c. &c.

Nous partimes le même après-midi, accompagnés du curé, pour aller voir la Grotte de Chorbalm décrite par Andreæ (*). Après avoir traversé des prairies un peu marécageuses, nous arrivâmes près d'un rocher qui est vis-à-vis du Staubbach. On y voit quelques excavations placées dans le haut, dont une partie est l'ouvrage des pierres calcaires qui sont tombées en efflorescence, & le reste semble avoir été fait de main d'homme. Arrivés au pied de la montagne, à environ une demie lieue de la maison du curé, nous apperçûmes au-dessus de nos têtes un portail majestueux, & au-dessous diverses cavernes, qui exciterent notre curiosité. La dame qui étoit avec nous prit courage, & nous résolûmes de gravir les rochers que Mr. Andreæ, étranger, & par conséquent pas accoutumé à de pareils spectacles, a décrits comme d'un accès dangereux. Etant montés sans accident, nous apperçûmus une galerie profonde, qui a été pratiquée à travers des couches de marbre noir, qu'on ne trouve qu'après être parvenu à quelque distance de l'entrée. Cette galerie principale se divise en trois branches, qui suivent trois différentes directions dans l'intérieur de la montagne. Nous étant glissés dans ces galeries avec le secours d'une lampe, nous n'y trouvâmes rien qui put nous indiquer quel avoit été l'objet d'une telle entreprise. Un villageois nous assura dans la suite, qu'on y avoit cherché des cristaux. J'estime que le spath calcaire qu'on y découvre par-ci par-là peut avoir séduit la cupidité des entrepreneurs. Ce spath s'y trouve souvent dans des veines assez épaisses qui traversent la pierre calcaire schisteuse, & sont remplies de petits cubes irréguliers, sa couleur est laiteuse, le bas est bleuâtre ou tirant sur le noir & quelquefois couvert d'un saffran de Mars. J'apperçus sur les rochers des environs quelques efflorescences salines, que les habitans appellent Sel des chamois, qui n'est autre chose que le sel des Alpes ou du véritable sel de Glauber. Quelquefois il a l'apparence d'une poussiere blanche de diverses épaisseurs, d'autrefois il est formé en guise de pâte & en morceaux poreux, que l'humidité paroît avoir dissouts & agglutinés (**). On trouve ce sel en différens endroits de notre pays, & les apoticaires en font usage.

(*) Lettres sur la Suisse, imprimées premiérement dans un Journal allemand, & publiées en 1776., in-4. avec de belles planches.

(**) Voyez les lettres d'Andreæ, page 232., édition de 1776. & Beckmann Bibliotéque de physique, VII., 354.

En sortant de la caverne décrite, je gravis, au péril de la vie, sous le portail, par-dessus les rochers, & trouvai une autre galerie percée dans la montagne, ayant des veines spatheuses. Elle étoit fort basse, & remplie de boue ou de limon; j'y fis entrer un de mes guides; mais il ne rapporta qu'un morceau d'argile bleue, qu'il avoit ramassé à terre.

Aprés avoir contemplé quelques momens la belle vue du vallon dont on découvre d'ici une grande partie, nous retournâmes chez le curé. Ce fut alors qu'un ſpectacle pompeux s'offrit à nos regards. A peine les rayons du ſoleil couchant ceſſoient de ſe réfléchir des cimes neigées de Jungfrauhorn, qui ſembloit couvert d'or & de pourpre, quand la lune argentée éleva ſa tête derriere ſes ſommets, pleine de majeſté & de douceur. Sa lumiere éclairoit par degrés les profondeurs du vallon; de grandes ombres frappant au milieu des lieux éclairés, relevoient la beauté du tableau le plus beau qu'on puiſſe imaginer. Remplis d'admiration & contemplant les ſucceſſions continuelles de ces différens aſpects, nous reſolûmes de nous rapprocher encore du Staubbach. Les ſommets majeſtueux qui l'environnent ſembloient impoſer un ſilence profond à la plaine, & préparer le ſpectateur à la méditation ſur les merveilles de Dieu. La brillante reine de la nuit avançoit à pas lents par-deſſus les cimes des monts. Les tranquilles habitans des cabanes ſe livroient au ſommeil.

Les aſtres de la nuit rouloient dans le ſilence
Eole a ſuſpendu les haleines des vents
Tout ſe tait dans les bois, ſur les eaux, dans les champs,
Fatigué des travaux qui vont bientôt renaître
Le paiſible taureau s'endort près de ſon maître,
Les malheureux mortels ont oublié leurs maux
Tout dort, tout s'abandonne aux charmes du repos.

Nous vimes alors le Staubbach, éclairé par la lune, qui ſembloit étendre un manteau d'argent ſur la ſurface ſombre des rochers. Les contraſtes de lumiere & d'ombres ſembloient autant de plis d'une draperie ou d'un grand voile. En un mot rien n'égale ce tableau enchanteur. Le Sr. Wolf, accoutumé à peindre la nature, avoue ingénument, qu'il n'oſeroit pas entreprendre d'exécuter ſur la toile tant de beautés.

Le lendemain 29. Juillet, il employa la plus grande partie de la journée à corriger ſes deſſeins & ſes tableaux; tandis que je m'occupois à obſerver la ſituation des vallons & des montagnes, & à découvrir des minéraux & des plantes. Il y a pluſieurs caſcades qui ſe ſuccédent le long des rochers: une des premieres, qui eſt repréſentée dans la Planche X. a dévaſté les prairies du curé; le Staubbach & quelques autres, que l'on voit dans la Planche II. ſont aſſez riches, & méritent l'attention d'un voyageur. A la fonte des neiges du printems, on voit encore un grand nombre de ruiſſeaux formant autant de caſcades, qui tariſſent en été; au milieu de ce ſpectacle magnifique, le Staubbach ſemble une mere entourée de ſes enfans.

La chaine des montagnes qui ſéparent le vallon du Lauterbrunn de celui du Grindelwald, dont on voit le plan dans la deſcription des glaciers par Mr. Gruner, a ſa direction du Nord au Sud dans l'ordre ſuivant. A l'entrée du vallon eſt la Hunnenflue, ſur laquelle eſt le pâturage Wengen-Allment, (voyez l'explication de la Planche VI. de nos Tableaux). Ce rocher eſt ſuivi de ceux qui portent les noms Grindegg, Gibelſteinhorn, Hohflue, Biren, Heimeckhorn, Tſchuggen, Lauberhorn, Galtbachhorn, Staldenflue, (ce dernier rocher ſe trouve placé à l'endroit, où Mr. Gruner a indiqué le Tſchuggen), le dernier en ordre forme la partie inférieure du mont Jungfrau, où l'on voit à une hauteur conſidérable le Rothebrett.

On voit de ce côté du vallon, comme de celui que nous avons décrit, pluſieurs ruiſſeaux ſe précipiter en caſcade dans le vallon. Tels ſont le Brunnibach, près de la Hunnenflue, & plus vers le midi le Schiltwaldbach, qu'on voit repréſenté ſur la Planche III.

Nous n'avons pas pris dans ce voyage, pour aller du Lauterbrunn au Grindelwald, le chemin qui conduit à travers cette chaîne, ayant préféré de retourner ſur nos pas à Zweylutſchinen. On ne ſera pas fâché de lire ici la rélation que j'adreſſai, il y a quelques années, à un ami, de la premiere de ces routes que j'avois faite en Juillet 1771. en compagnie de quelques amis.

„ Pour ſe rendre en droiture au vallon du Grindelwald depuis le val Lauterbrunn, il falloit paſſer le Wengberg, qui les ſépare, & dont le trajet eſt fort pénible. Après un déjeûner de beurre excellent & de lait, nous quittâmes la maiſon du curé à neuf heures du matin. Le chemin devient rapide, dès qu'on a paſſé la Lutſchinen. Les habitans de ce pays étoient occupés à la recolte des foins, qu'on ramaſſe en aſſez grande quantité ſur les penchans des montagnes. A meſure qu'on monte, les arbres diminuent en grandeur, & ſe transforment en arbuſtes, auxquels ſuccéde à une plus grande élévation la Roſe des montagnes, *Rhododendron ferrugineum* Linn. Plus haut cette plante ne croit plus; des plantes plus baſſes ornent les pâturages les plus élevés, on trouve dans les écrits de Mr. de Haller cette ſucceſſion du régne végétal très-bien décrite (*). „

(*) Enumeratio Stirpium. Præfatio. p. 8. Opuſcules allemands, Tome 3, pag. 147-152.

„ Etant arrivés au ſommet le plus élevé de la montagne, un ſpectacle inconnu ailleurs s'offrit à nos regards. Près du chemin où nous paſſions, une maſſe énorme de glace & de neige durcie avoit été excavée par les eaux d'un ruiſſeau qui deſcendoit de la montagne; ce qui formoit une voûte ou arc de glace ſolide, ſous laquelle les vaches ſe retiroient pour jouir de l'ombre, & pour lécher la glace impregnée de particules de ſel. Autour de cet édifice ſingulier on voyoit des plantes fleuries, qui ſervoient d'excellent pâturage. J'eſſayay de m'y mettre à l'ombre, mais je ne pus ſupporter ſon exceſſive fraicheur. Près de cette demeure glacée, que la nature ſemble avoir conſtruite pour l'uſage des troupeaux, un ruiſſeau ſe précipite du ſommet des rochers, qui paroît peu conſidérable, mais qui a des crues ſi prodigieuſes, qu'il emporte ſouvent des maſſes énormes de pierre, & dévaſte les pâturages fertiles des environs. Ces maſſes, qui ſont compoſées de couches de pierre ſchiſteuſe noire, avoient creuſé, avec l'aide du torrent qui les entraînoit, un lit profond. Ce déſaſtre eſt fréquent dans les montagnes de la Suiſſe, & détruit ſouvent les plus beaux pâturages; quelquefois même des villages entiers ſont enſévelis ſous ces ruines, & n'offrent plus que le tableau lugubre de leur ancienne exiſtence. Quand les glaces, que l'hyver accumule entre les interſtices des rochers, ſe réchauffent à l'approche des chaleurs de l'été, elles ſe fondent, & les rochers que la glace a ébranlés, en s'étendant dans leurs interstices, n'ayant plus d'appuis, se détachent avec un fracas terrible. Souvent aussi des torrens, qui ne sont à leur naissance que de petits ruisseaux, creusent la terre qui remplit les interstices des rochers, & préparent insensiblement les désastres des eaux qui, devenues plus fortes, entrainent des masses de pierres dans les lieux plus bas. Il est dangereux de voyager dans la saison du printems & après de grosses pluies dans le voisinage de ces torrens, qui menacent à chaque instant d'une catastrophe terrible. „

„ Nous arrivâmes enfin, accablés de fatigue, sur la plaine la plus élevée de la montagne, qui porte le nom de Wengenalp, où l'on rencontre des chalais qui servent de retraite aux troupeaux & aux pasteurs. A peine y fûmes nous quelques instans, que nous sentimes qu'on y respiroit un air plus fraix & plus élastique qui nous rendit des forces. Un calme général semble inspirer au voyageur l'envie de méditer sur les objets qui s'offrent aux regards. Le sage, éloigné du bruit des habitations humaines, se voit élevé au milieu des nues, voisin des tours de glace éternelle que le Créateur y a bâties. Le murmure de quelque ruisseau qui roule sur des cailloux, rarement la voix d'un corbeau, interrompent ce silence que les citoyens des villes ne connoissent pas, & qui n'est chéri que de ceux qui aiment à contempler la nature & ses merveilles. „

„ Apres avoir traversé quelques pâturages marécageux, nous atteignîmes un chalais, où des pasteurs nous reçurent avec un air plein de bonté, & nous régalèrent de laitages, qui sont la principale nourriture des Alpes. Ce n'est que pendant les mois les plus chauds de l'année, qu'on entretient les troupeaux dans ces pâturages fertiles, mais que le froid & les neiges les forcent bientôt d'abandonner. Nous avions devant nous le mont Eiger, dont les sommets couverts de neige se découvrent dans un éloignement prodigieux. Ses côtes escarpées, formées de couches horizontales, sembloient descendre à nos pieds. Les pasteurs nous montroient des endroits, qui étoient autrefois des pâturages fertiles, aujourd'hui, s'il les en faut croire, enterrés sous des masses de neige & de glaces descendues du haut de ce mont. „

„ Tandis que mes compagnons fatigués reposoient sur des grabats assez sales, sous des toits à travers lesquels le jour entre partout, je m'amusois à observer mon thermomètre. Soudain je fus troublé par un bruit semblable au tonnerre, qui sembloit rouler dans les vallons. Je me levai précipitamment pour aller contempler les nuages. Les pasteurs me voyant se mirent à rire, & me montrèrent du doigt la cause du bruit que j'entendois. Quel spectacle! je vis des masses énormes de neige qui se précipitoient du sommet des plus hauts rochers, & tomboient par sauts & par bonds à travers les crevasses, d'où enfin parvenues dans la plaine, elles formoient une nappe d'eau encore écumante. Les échos répétoient vingt-fois le bruit des chûtes successives, & faisoient trembler toute la terre des environs. A peine ces vastes amas de neige s'étoient précipités, quand je vis des ruisseaux qui descendoient d'une hauteur prodigieuse se précipiter en forme de torrent depuis les rochers. Ce beau spectacle se répéta huit fois dans une heure, hazard qui se présente rarement aux voyageurs. On sait que les gens du pays donnent le nom de Lauinen ou Schneelauinen à ces chûtes de neiges en grosses masses. „

„ En continuant notre route, nous avions à la droite les rochers du mont Eiger qui s'élevent presque à pic; nous arrivâmes à travers des pâturages mêlés de marais sur les sommets du pâturage Scheideck, qui fait les limites des villages Lauterbrunn & Grindelwald, & qu'il ne faut pas confondre avec la montagne du même nom, qui sépare ce dernier district du pays de Hasli. Une vue riante du vallon, entouré de montagnes en forme d'amphiteatre, s'offrit alors à nos regards. Au midi il est borné par les monts Eiger, Mettenberg & Wetterhorn, dont les sommets s'élevent jusqu'aux nues, & dont la base est enterrée dans des masses énormes de glace de couleur bleuâtre, qui s'avance depuis les hauteurs à la plaine des deux côtés du Mettenberg. Vers l'Est, le mont Scheideck (*) couvert de pâturages, descend en pente douce dans le vallon, & se joint vers le nord à la chaine des rochers qui, tournant ensuite à l'Ouest, semble à peine laisser un passage à la Lutschinen. Le vallon est couvert de maisons isolées, & le clocher de la paroisse se voit au centre de ce tableau. Après nous en être rassasiés, nous descendimes de la montagne, passant en quelques endroits où il y avoit encore de la neige, & en d'autres où il y avoit des marais remplis d'eau. Des ruisseaux en grand nombre sembloient naître sous nos pieds, & après avoir roulé avec force sur des fragmens de rochers, descendoient en écumant dans le vallon. Nous rencontrâmes dans un pâturage des pasteurs qui nous présenterent les laitages que leur hospitalité prodigue aux voyageurs. Après une très-longue descente, nous atteignimes enfin des endroits, où la nature commence à produire quelques arbustes. Plus bas, nous trouvâmes des sapins, les seuls arbres qui croissent à cette hauteur, si vous exceptez les Aunes. A une legere distance de là, on voit une forêt de Pins, (*Pinus Cembra*, Linn. Haller 1659.) dont les habitans des montagnes portent les pignons à la ville, où elles sont en usage dans la médecine. Un chemin rude nous conduisit, toujours en descendant, jusques au village du Grindelwald, dont le curé nous accueillit avec bonté dans sa demeure. „ &c.

(*) C'est le second, qui sépare le Grindelwald du pays de Hasle.

Apres cette épisode, je reviens au Lauterbrunn, & à ses glaciers. Ce vallon n'égale pas en fertilité les plaines d'Interlacken, ce qu'on doit attribuer au voisinage des glaces. Des cerisiers en assez grande quantité, quelques pommiers & pruniers y sont les seuls arbres à fruit. On y voit de beaux frênes & des érables à grandes feuilles (*Acer pseudo platanus*) de la plus grande taille, dispersés dans les plaines. Les bords de la Lutschinen, surtout dans les endroits où elle se répand dans les campagnes, sont couverts d'aunes; les hêtres y sont très-rares, de même que les sapins, dont on voit des forêts entieres à une plus grande hauteur. La transportation de ces derniers bois est difficile, à cause des rochers où ils sont placés, ce qui en fait monter le prix à 20 baz. la toise, livrée à la maison du curé (*).

(*) C'est le tiers du prix de la capitale. La toise de Berne est de 105 pieds cubiques de Berne, ou de 6 pieds de long, 5 pieds de large, & 3 pieds & demi de profondeur.

Les habitations de ce pays ressemblent aux mœurs, elles sont simples. Le voisinage des pierres n'a point engagé les habitans à s'en servir; ils construisent leurs maisons entiérement en bois, quoiqu'elles en soient moins solides. Elles sont d'un ou de deux étages, selon les facultés du propriétaire, composées de soliveaux; les toits sont des planches épaisses, qu'on assure avec des lattes en travers & de grosses pierres. C'est l'architecture générale des pays de montagnes, dictée par la nécessité d'être garantis contre la violence des ouragans. L'occupation principale de ces peuples consiste à soigner les troupeaux, & à ramasser des fourages pour l'hyver. Pendant l'été, on fait des fromages & du beurre sur les Alpes. Les fromages les plus estimés portent le nom de Sefinenkæs, (fromage de Sefinen), & égalent en valeur les meilleurs de la Suisse. En automne, au retour des Alpes, on s'occupe à la coupe des bois, ouvrage dangereux & difficile, à cause des grands amas de neige. Les soins du menage & le rouet à filer font l'occupation des femmes. Il y a peu de gens aisés; une grande partie des possessions appartient à des étrangers, ou se trouve chargé de dettes hypothéquées; la pauvreté générale ne bannit point le contentement d'esprit, & la santé, fruit de leur genre de vie, est un bien qui compense richement ceux de la fortune. On ignore ici les mets friands & recherchés; poisons que le luxe a inventés; le lait & le fromage sont leur principale nourriture; ils sont généralement forts, bien faits, & ignorent les épidémies qui ravagent ailleurs le genre humain. L'abus des liqueurs, qui tiennent ici la place du vin, trop cher pour les fortunes des habitans, est le seul vice qui a gagné ici quelques malheureux, esclaves de leur intempérance. La candeur & l'hospitalité sont les vertus ordinaires dans ces climats. On est enchanté de la noble simplicité de leur commerce, mêlée d'esprit sans apprêt, dont leur conversation est assaisonnée. Je fus étonné de rencontrer dans les lieux les plus écartés des Alpes, des hommes qui entendoient le François, & qui nous parloient de la Hollande, de la France, des grandes villes d'Europe avec cette indifférence qui pourroit convenir à un sage. Ces gens, qui ont été soldats pendant quelques années, & qui ont repris leur état de pasteurs, sont heureux en errant dans des solitudes, où ils ont oublié depuis longtems le bruit des armes & le fracas du monde. Affranchis de la servitude du métier de soldat, ils chantent dans leurs vallons, & font retentir les échos de leur bonheur. Des assemblées générales où l'on se réunit quelquefois dans les montagnes, à des jours marqués, sont autant de fêtes, préférables à celles des grandes villes. Les pasteurs arrivent de tous côtés, & souvent après avoir franchi des rochers effroyables; rien ne les arrête, pour trouver leurs amis. La lutte, la danse, des conversations gaies & badines remplissent les heures qui s'envolent, & l'on se quitte le soir aussi gaiement qu'on s'étoit salué le matin.

Si les Lapons, les Grœnlandois, qu'on a vus transportés dans de grandes villes & dans les plus beaux pays, ne laissent pas de languir après leurs demeures enfumées, leur graisse de baleine & leur poisson sec; faut-il s'étonner que les habitans des Alpes s'ennuient hors de leur patrie, où l'on respire un air plus pur, qui anime d'une vie plus fraîche & d'un ressort plus élastique les corps organisés, où la liberté couronne les bienfaits de la nature & rend les jours plus doux (*)?

(*) Quare Helvetii inter omnes mortales adeo perdite patriam depereunt? An quod libera, quod civium unice studiosa, quod sanguini innata, & nullo pretio venalis patria est? Neque alibi perenniores familiæ uno loco adfixæ consuescunt. Haller *de nervorum in arterias imperio, p. 26.*

Le 30. Juillet nous quittâmes la maison du curé de Lauterbrunn vers le soir, pour éviter la chaleur du soleil concentrée dans les vallons. Nous traversions des prairies où chacun étoit occupé à ramasser les fourages. La beauté du vallon, le ciel sans nuages, la fraîcheur des ombres qui commençoient à descendre des montagnes, les cabanes dispersées de tout côté, les cris d'alégresse des faucheurs, l'odeur embaumée des aromates; tant de sensations réunies me plongeoient dans une espece de rèverie, & me rappelloient les vallées de Tempé, dont j'avois lu la description dans ma jeunesse. Nous marchions à travers des troupes de villageois, qui nous saluoient par des cris de joie, & répondoient à nos questions avec bonté.

En avançant, nous apperçûmes à la gauche de notre chemin, une grande ouverture, semblable à un gouffre, entre la Staldenflue & la partie inférieure du mont Jungfrau C'est à travers de cette redoutable gorge que s'étend le glacier Blümlisalp, d'où prend naissance le ruisseau Trümelbach, qui se rend dans la Lutschinen. A main droite, on voit plusieurs belles cascades, qui se précipitent du sommet des rochers. On voit dabord le Buchenbach, ensuite le Marchbach, qui a quelque ressemblance avec le Staubbach. Ce dernier est suivi du Myrrenbach, qui se précipite du rocher, il reçoit, ainsi que le ruisseau, son nom du village de Myrren, voisin du village de Gummenwald; c'est un des lieux les plus élevés de l'Europe. Ce ruisseau prend naissance au mont Schilthorn, descend du val Engenthal, au village de Myrren, & se précipite en plusieurs bras par-dessus les rochers. Voyez la Planche VIII. Le Mattenbach, qui sort de la partie la plus reculée du mont Jungfrau, & le Staldenbach tombent du côté opposé. On donne le nom de Gummenwald ou Fangflue à la partie la plus éloignée de cette chaîne de rochers. Un petit vallon triste & hideux s'étend vers l'occident entre ce rocher & un autre, nommé Busenflue, duquel le vallon reçoit son nom. L'ayant laissé à notre droite, nous passâmes la Lutschinen. Le chemin devenoit à chaque pas plus rapide, & s'élevoit très-sensiblement vers Breitlauinen. Je n'avois vu jusques ici que des fragmens de rochers calcaires; bientôt je leur vis succéder des fragmens de rochers quarzeux, qui s'étoient détachés du sommet des plus hautes montagnes, ou que les eaux de la Lutschinen avoient entraînés. Mais je réserve à parler ailleurs de mes observations minéralogiques.

Apres

Apres trois heures d'une marche assez pénible; nous arrivâmes dans une portion du vallon très-sauvage & serrée, où il y a quelques cabanes de pasteurs habitées toute l'année. C'est dans cet endroit qu'on avoit établi autrefois une fonderie de plomb, dont on ramassoit le minerais dans des lieux écartés des montagnes voisines, avec beaucoup de peine & de danger. On voit encore les sentiers à travers lesquels il étoit transporté à la distance de plusieurs lieues sur les dos des ouvriers. Je ne répéterai pas ce que Mr. Gruner a dit de cette entreprise dans la description des glaciers (*). Les galeries sont aujourd'hui tombées en ruine ou remplies d'eau. On voit encore quelques restes des bâtimens dont les murs sont de pierre quarzeuse & talqueuse; le four dont la partie supérieure est piramidale; les murs du bâtiment où l'on piloit la mine, par le moyen d'un moulin; enfin une maison quarrée, avec plusieurs fours qui n'ont pas été achevés, l'entreprise ayant surpassé les facultés des entrepreneurs.

(*) On trouve quelques détails dans l'ouvrage de Mr. Altmann, sur le même sujet, p. 174.

Ces bâtimens sont aujourd'hui entourés de broussailles, de scories & de morceaux de mine, qui sont restés de l'ancienne exploitation. La mine de plomb est de l'espece des Galenes en petits cubes, unie à un quarz blanc, qui est quelquefois accompagné de spath de la même couleur, lequel ne fait cependant point d'effervescence avec les acides.

Je me hâtai, avant le coucher du soleil, de monter encore plus haut avec un guide, pour mieux contempler les singularités du vallon. Derriere la partie du mont Jungfrau, qui s'avance de sa base & porte le nom de Mœnch, on voit la fin du rocher appellé Berenflue (*), d'où s'élevent des masses énormes de glaces à une très-grande hauteur. C'est là que commence le Rothenthal, dont Mr. Gruner a donné la description. Je n'eus pas le tems d'y pénétrer, quoiqu'on m'eut assuré que l'accès n'en étoit pas impraticable pour un homme exercé. En examinant la direction de ce vallon & la comparant avec celle du val Grindelwald, que j'observai dans la suite de mon voyage, je juge qu'ils n'ont pas de communication ensemble, en considérant que le dernier, au lieu de s'abaisser vers le Lauterbrunn, s'éleve vers les plus hautes montagnes; mais j'en parlerai plus en détail ailleurs. Plus je réfléchis sur ce que Mr. Gruner a dit du Rothenthal, plus je me persuade que le Dr. Christen, dont il n'a fait que copier les paroles, n'a pas prétendu parler du Rothenthal, mais des environs du Tschingelgletscher, où l'on parvient par Ammerten; tandis que le Rothenthal communique avec la Jungfrau, & que de ce vallon il seroit impossible de se rendre dans celui de Frutigen, mais bien au Grindelwald en passant les sommets des montagnes.

(*) Rocher des ours, peut-être à cause des ours qui habitoient jadis ces contrées.

On voit souvent des avalanches (*) prodigieuses se précipiter avec fracas des sommets d'alentour dans les gouffres où la Lutschinen roule ses eaux qui sans les rochers qui la contiennent, inonderoient les environs. Ces avalanches, qui forment des amas de glaçons, prennent le nom de Stuffenlauinen, & formeront un jour de véritables glaciers, parce que les chaleurs de l'été n'en font fondre ordinairement que la moitié. Il y a cinq ans qu'une de ces avalanches se précipita du haut des sommets qui environnent le Rothenthal; la chûte dura vingt-quatre heures de suite, & causa, par la violence du mouvement dans l'air un ouragan qui traversa le vallon avec un bruit épouventable. Qu'on se représente un torrent de plusieurs centaines de pieds de largeur & souvent d'une lieue de long, descendant des sommets des plus hautes montagnes vers des précipices affreux, entraînant avec soi des masses de rochers, & s'élançant de nouveau avec furie pour continuer ses ravages par les bonds redoublés des masses de rochers & de glaces dont il est chargé.

(*) Les chûtes effrayantes qui sont communes dans les Alpes portent les noms de Schneelauinen, ou Erdlauinen, selon la matiere dont elles sont composées, tantôt de neige & de glaces, tantôt de terre & de rochers.

On voit le ruisseau Stuffenbach descendant en forme de cascade de la partie supérieure du glacier de Rothenthal pour se jetter dans la Lutschinen.

Plus près des anciennes mines de plomb on voit chaque année une avalanche se précipiter du haut d'une montagne chauve, traverser un grand pâturage, & se rendre jusques à la Lutschinen. La chaleur de l'été fait fondre les neiges qu'elle entraîne; l'endroit où elle s'arrête en a reçu le nom de Sichellauinen.

A la droite du Rothenthal, vis-à-vis de la Berenflue s'éleve un rocher à pic en forme de muraille, divisé en trois portions, d'où l'on transportoit autrefois le minerais du plomb avec danger à travers des précipices affreux. J'ai appris des chasseurs de ce pays que le Rothenthal est habité par un très-grand nombre de Gélinotes (Berghuner), qui se multiplient d'autant plus que leur demeure est presqu'inaccessible. On n'y a point apperçu de bouquetins. Ces animaux n'habitent que les montagnes les plus inaccessibles du Tyrol, des Grisons & du Valais; les Alpes du canton de Berne, selon les recherches que j'ai faites avec soin, n'en nourrissent point, & les auteurs qui ont dit qu'on en trouve au val Lauterbrunn, paroissent s'être trompés (*). Les Marmotes ne sont pas rares dans ces contrées, surtout vers Sefinen; les habitans du pays leur font la guerre & les prennent en creusant dans les trous où elles se logent. Ils aiment à manger leur chair & se servent de la graisse en forme d'onguent, qu'ils trouvent fort utile dans les guérisons des playes. Les Apoticaires de Thun l'achetent à 35 & 40 baz. ou 6 livr. de France le pot. Un seul de ces animaux rend un pot de graisse quand il est grand. Les marmotes transportent dans leurs souterrains, avec les dents, les plantes & les racines qui leur servent de nourriture; c'est ce que m'ont attesté les montagnards qui l'ont vu souvent; ils se mirent à rire, quand je leur parlai de la maniere dont selon quelques auteurs, ces animaux transportent leurs provisions, dans les montagnes de Savoye, en les chargeant sur un d'entr'eux qu'ils trainent, couché sur le dos; aucun de nos montagnards n'en voulut rien croire, ni se rappeller d'avoir vu de ces animaux dont le dos fut pelé

(*) Altmann description des glaciers, p. 133, suiv. Wagner, Historia naturalis Helvetiæ, p. 176, 177.

par cette manœuvre. On rencontre dans ces vallons quelques blaireaux.

Apres avoir observé à la droite du vallon quelques restes de galeries, dans un pâturage qu'on appelle Steg, au pied du Steinberg, où l'on exploitoit autrefois des mines de fer qui sont abandonnées, nous retournâmes à l'entrée de la nuit vers un chalais, où nous passâmes le reste de la soirée autour d'un grand feu, en conversation avec quelques pasteurs. Notre souper, qui consistoit en lait & fromage, étant fini, nous reposâmes la nuit couchés sur le foin.

Le lendemain, 31. Juillet, nous préparoit la journée la plus fatiguante de notre voyage. Nous avions devant nous neuf lieues de route à faire à travers des précipices & des glaciers. Les pasteurs se moquoient de nous, ils s'attendoient que rebutés de la fatigue, nous retournerions sur nos pas à moitié chemin. Animés par la curiosité de faire une route inconnue aux voyageurs, nous nous mîmes en chemin, munis de quelques provisions, & arrivâmes après deux heures de marche, toujours en montant, jusques à l'habitation la plus élevée de ces déserts, n'ayant devant nous que des forêts de sapins & des rochers escarpés. Entre Sichellauinen, & les chalais qui portent le nom de Trachsellauinen, nous observâmes que les fragmens de rochers détachés sur notre route étoient de nature quarzeuse; les rochers mêmes me parurent calcaires. On arrive de ce dernier lieu, en passant la Lutschinen, vers Hohalp; à main gauche, & plus haut, le Rothenbach se précipite en forme de cascade du sommet d'un rocher de nature ferrugineuse dans un bassin profond, d'où il se rend à travers des creux profonds, vers la Lutschinen. Ce fut avec de grandes fatigues & en gravissant de rocher en rocher que nous arrivâmes au chalais, représenté dans la Planche I. situé sur le pâturage de Breitlauinenalp. C'est un des lieux les plus élevés des Alpes où l'on rencontre des habitations d'hommes; l'air y est fort subtil. Le pasteur qui y fait sa demeure, vint au-devant de nous d'un air riant, & reconnut avec joye le Sr. Wolf, avec qui il avoit parcouru quelques années auparavant ces glaciers. Ses enfans, qui couroient demi-nuds autour du chalais, sembloient effrayés de notre aspect, & n'osoient nous approcher de plusieurs pas. Ils me rappellerent les sauvages qui vivent sur des isles éloignées du reste du monde, & qui s'épouvantent à la vue d'un homme vêtu à la maniere des Européens. C'est ce qui arriva aux Américains quand ils apperçurent Colomb, & aux habitans du Kamtschaka, à la premiere vue des voyageurs Russes. Nous apprivoisâmes un peu nos petits sauvages par quelques morceaux de pain, qu'ils saisirent avec rapidité; insensiblement ils s'accoutumerent à nous & s'approcherent pour nous voir faire cuire du caffé dans un poêle de fer avec du lait de chevre & du sucre. Quelques pieces de monnoye neuve acheverent de dompter, par leur attrait magnétique, la férocité de ces jeunes Hurons. La vie pastorale & la retraite où ils sont nés & élevés ne les a donc pas préservés de la cupidité qu'inspire ce dangereux métal. Quelque rare que soit le pain chez ces habitans des Alpes, il n'y en a aucun qui n'eut préféré la plus petite piece d'argent à cet aliment.

Etant entrés dans le chalais pour arranger notre festin, nous trouvâmes que la chambre à manger, la salle d'assemblée, la chambre à coucher & la cuisine ne faisoient ensemble qu'une seule piece. L'édifice étoit si mal construit, que la lumiere & l'air extérieur y ont partout un accès libre, & que les vents jouant sur les flammes nous étouffoient de fumée. La hauteur de l'appartement ne nous permettant pas de rester debout, il fallut s'asseoir sur des pierres & des sieges rustiques autour du feu; nos hôtes nous régalerent de fromages de chevres rôtis, que je trouvai assez agréables au goût; mais dont je payai le plaisir par une indigestion très-violente. Pendant que nous étions assemblés en cercle, j'apperçus dans un coin du chalais des amas d'herbe d'absinthe sechée, que le maître du chalais nous dit avoir ramassés comme une des meilleures médecines contre les blessures & les maladies inflammatoires. Je trouvai à l'examen que cette plante étoit l'*Artemisia rupestris* de Linnæus, que les habitans du Grindelwald appellent, au rapport de Mr. de Haller, Gæbuse. Cette plante dont l'odeur aromatique est fort agréable, croit sur les rochers les plus sauvages. La nature l'a garantie contre les rigueurs du froid par un duvet de laine fine. Mais d'où vient que les plantes des climats chauds, comme celles des pays les plus froids, sont également entourées de ce duvet, & ont les unes comme les autres un goût & une odeur aromatique? Je découvris en ce lieu & plus haut, une quantité prodigieuse de roses de montagnes, *Rhododendron ferrugineum*, ainsi que l'*Astrantia minor*, *Geum reptans* & l'*Arnica montana*. Près du glacier on rencontre la *Pedicularis rostrata*, le *Ranunculus glacialis*, l'*Anemone vernalis*, &c. J'observai en divers endroits vers Sichellauinen & Hohalp les variétés du *Sempervivum tectorum* décrites par Mr. de Haller sous N. 949.

Apres nous être reposés quelque tems, nous continuâmes de cheminer vers le glacier, & passâmes tout près du chalais l'avalanche qui a reçu son nom du glacier de Breitlauinen où elle prend naissance. Ce glacier situé à une grande hauteur, se décharge tous les printems par des masses énormes de glaces & de neige, qui ne se fondant jamais entiérement, couvriront, selon toute apparence, dans peu d'années, tout le district des environs d'un glacier complet. Ce débordement de glaces, qui porte le nom de Breitlauinen, forme un plan incliné en pente rapide de neige durcie presque convertie en glace, que nous passâmes avec assez de danger. Je marchois le premier, me hâtant d'arriver à des rochers couverts de plantes que je voulois examiner. Je ne pouvois faire un pas, sans avoir précédement frayé mon chemin au moyen d'un bâton, & toujours en danger de glisser. Un seul faux-pas m'auroit entraîné dans le penchant du glacier. Après avoir surmonté cet obstacle, en marchant avec beaucoup de lenteur, je me retrouvai en terre ferme, & continuai mon chemin par-dessus des rochers & des pâturages fertiles, mais dont la pente étoit rapide, où l'on ne voit paître que des moutons & des chevres; nous allions toujours en montant; le danger & la fatigue incroyable de la route qui se renouvelloit à chaque pas, nous causerent une forte sueur.

Arrives enfin à la base du grand glacier, que nous avions à passer, nous vîmes que ces masses énormes de glaces, qui de loin semblent continues, étoient coupées par des crevasses & des gouffres épouventables. Des tours de glace variées à l'infini dans leur structure nous menaçoient de leurs sommets à chaque pas. Une sueur froide se répandit sur tout mon corps à la vue des dangers auxquels je m'étois exposé. Nous ne disions pas un mot, de peur que le plus léger bruit, comme il arrive quelquefois, ne détachât, par la commotion de l'air, des masses qui nous auroient écrasés sous leurs ruines.

Nous continuâmes de traverser le glacier en montant jusques près de l'endroit où le (*) Breitlauinengletscher se sépare du Schmadrigletscher qui descend du Breithorn, par un gouffre assez profond. Les masses de rochers qui se détachent des deux côtés, l'enferment par un rempart en forme triangulaire. Au fond de ce gouffre un étang, qui se remplit par les eaux de la neige fondue, porte le nom de Schmadribrunnen. Selon l'opinion des pasteurs, cette eau est salutaire contre les maladies de la peau, & les Vallaisans, à ce qu'ils disent, s'y venoient baigner autrefois; je ne crois ni l'un ni l'autre, cette eau étant très-froide, sans goût, me semble être un simple écoulement des glaciers. Le bassin du fond étoit environné d'*Allium schœnoprasum*, qui commençoit à entrer en fleur. Presque tous les fragmens de rochers entassés sur cette espece de rempart dont j'ai parlé me parurent du quarz.

(*) Gletscher, c'est le nom allemand des Glaciers.

Nous reposâmes quelques momens en cet endroit, & nous raffraîchimes avec l'eau qui nous parut excellente. Un silence morne regne ici, & n'est interrompu que par la chûte de quelqu'une de ces pierres, qui font, en tombant à travers les glaçons, plusieurs échos effrayans. Jamais je ne me serais imaginé que les glaciers par leur mouvement progressif entraînassent une aussi grande quantité de grosses pierres, si je ne m'en étois pas convaincu par mes yeux ici & près de l'étang d'Oberhorn. Les glaces, avançant continuellement sur la base inégale qui leur sert d'appui, causent nécessairement cet effet. Voici l'idée que je me suis faite, d'après ce que j'ai vû, de la formation du glacier dont je parle.

Des amas prodigieux de neige, accumulés dans une longue suite d'années sur les sommets & dans les différentes courbures qui composent le Breithorn, recevant chaque année de nouveaux accroissemens, se résolvent par la chaleur de l'été, & vers les endroits les plus escarpés des rochers, d'où ils se précipitent en torrens ou en avalanches, entraînant avec eux des masses de glaçons, & vont couvrir la plaine inclinée qui leur sert de base. L'eau qui coule continuellement, refroidie par la nuit, convertit de nouveau la neige fondue en glace; c'est ainsi que se font formées peu-à-peu des plaines considérables de neige durcie qui ne fond plus. Le poids des glaces supérieures, pressant continuellement, les fait descendre insensiblement par un plan incliné, & ce mouvement est encore favorisé par les eaux qui coulent dessous & creusent leurs fondemens. Tout cet immense échaffaudage se soutient cependant, en jettant par-ci par-là quelques fentes; le peu que le soleil en fait fondre pendant la durée du jour, se gèle de nouveau la nuit. Quelquefois la base de ces échaffauts s'abaisse considérablement, alors toute la fabrique s'écroule, forme des fentes terribles, & tombe par grandes masses dans les abymes. Les tours de glace entassées au milieu de ces redoutables ruines diminuées par les chaleurs de l'été, qui en font fondre une partie, reçoivent insensiblement ces formes variées quelquefois piramidales qu'on voit seulement à l'issue des glaciers, & que Mr. Gruner appelle Eisschrunde. C'est de cette maniere que je me représente la formation de ceux dont je viens de faire la relation. Leur partie supérieure est ordinairement en plan incliné, & ne forme ces especes de tours que dans les endroits où la base des glaciers s'est abaissée considérablement. Telle est la structure de ceux du Grindelwald, auxquels on a donné improprement le nom de mer glaciale, qui n'est qu'une plaine quelquefois ondoyée de glaces, & ne présente des tours & des fentes que dans la partie la moins élevée. Tel est le glacier de Lauterbrunn, dont je parlerai ailleurs. Les grandes pieces de rochers, qui ont été entraînées par la progression des glaciers, & qui forment des especes de remparts ou de murailles, se trouvent souvent assez éloignées des glaciers, parce que la fonte des glaçons les en a séparées.

Nous quittâmes le Schmadribrunn, élevé de deux lieues de chemin au-dessus des chalais dont j'ai parlé, & marchant avec des fatigues incroyables par-dessus des amas de pierres mal assurées, qui s'échappoient sous nos pieds, nous arrivâmes enfin à la partie la plus élevée du glacier même de Breithorn, qui forme une plaine inclinée d'une étendue immense. Nous vîmes qu'elle étoit presque toute couverte de grosses pierres détachées des sommets des environs, composées de matiere calcaire noirâtre, d'ardoise calcaire & de marbre; nous y vîmes très-peu de pierres vitrescibles. Il fallut marcher tantôt sur ces pierres, tantôt sur la glace dont la superficie fondue nous baignoit les pieds à la hauteur des souliers. Mais rien ne nous parût aussi pénible & aussi effrayant que des crevasses fréquentes, souvent de dix pieds de largeur & plus, qui interrompoient la plaine glacée, & dont nous jugeâmes la profondeur en y jettant des pierres que nous entendîmes retentir en tombant à travers les glaces pendant un tems considérable, sans jamais avoir pu observer le moment où elles trouvoient pied. Une nuance du plus beau bleu tapisse l'intérieur de ces crevasses. Nous en franchîmes d'abord quelques-unes des moins considérables; bientôt il s'en présenta d'autres qui nous obligerent à faire de grands détours. Il y en avoit quelques-unes entiérement couvertes de neige; nous passâmes plusieurs de ces ponts de neige, où nous enfonçions jusques au genou; un guide nous précédoit, qui examinoit à l'aide d'un long bâton l'état de chaque passage; cette précaution ne m'empêcha pas d'enfoncer une fois assez profondement pour sentir que mes pieds passoient à travers la neige, & que j'étois actuellement suspendu sur un abyme. Le poids de mon corps faisoit déjà ceder la neige, j'allois être englouti sans le bâton de mon guide qui me retint.

Nous avancions toujours vers l'occident, & contre l'extrémité du glacier qui semble se déboucher contre le rocher Oberhorn. C'est de cette station que nous apperçûmes le point de vue dessiné par le Sr. Wolf dans la table IX. vers le val Lauterbrunn. Un peu plus loin encore nous découvrîmes le beau coup d'œuil représenté dans la table VII. Le Breithorn se présentoit à notre gauche, & devant nous le Tschingel élévoit ses deux sommets sortant du sein des glaces. Dans un éloignement considérable à gauche, nous découvrions le Wetterhorn, (voyez l'explication de la table I.) & vers la droite, au fond du vallon qui s'ouvre de ce côté, nous avions devant nous le Hur, que Mr. Gruner a appellé Hauri. C'est à travers ce vallon, terminé à droite par le Butlassenberg, que selon la tradition du pays il y avoit jadis une route qui passoit vers le Gaster, le pays de Frutingen & le Valais. On prétend encore actuellement qu'il y a des personnes en vie, qui ont fait ce dangereux trajet dont la plus grande partie va par-dessus les glaciers. Sans être garant de ce fait, je suis assuré que le val Tschingel se partage en plusieurs branches qui se dirigent vers ces contrées. Quelques pasteurs prétendent qu'on y voyoit autrefois des ornieres de chars, qui prouveroient l'existence d'une route. La direction du local me paroît contredire au premier coup d'œil la possibilité de ce fait. Le chemin dont on parle ne pourroit passer que par l'Ammerten, près des ruisseaux marqués Tab. I. fig. 13. où les rochers sont à pic, & où ces ruisseaux se précipitent avec impétuosité; comment donc une route seroit-elle possible? Je dirai ailleurs combien est effrayant & difficile le chemin qui traverse l'Ammerten & conduit à l'ancienne fonderie.

Nous avions envoyé d'avance depuis le chalais de Breitlauinen des gens qui portoient nos provisions par une autre route à l'étang d'Oberhorn. Nous les apperçûmes depuis la hauteur où nous étions. Cette vue & l'appétit que nos avions pris nous ayant redonné du courage; il fallut descendre en enjambant de pierre en pierre par un rocher de granite qui sert de base à une muraille de glace extrêmement élevée, où se termine le glacier de Breithorn. Avant d'arriver près de l'étang, nous rencontrâmes le tronc d'un vieux arbre renversé, qui ne peut qu'avoir crû en cet endroit, où la végétation est à présent presqu'entiérement éteinte, & où l'on ne trouve plus le vestige d'aucun arbuste. La grandeur de ce tronc, & l'impossibilité d'imaginer à quel usage il auroit pu servir dans ce lieu inhabité, ne permet pas de croire qu'il ait été transporté d'ailleurs. J'en coupai un morceau qui avoit une odeur résineuse, & me parut être de la classe des *Larix* ou des *Pinus Cembra* (*).

(*) Le Dr. Cappeler, cité par Altmann dans son histoire naturelle des glaciers, raconte quelque chose de semblable, & j'ai ouï dire, qu'on trouve dans les glaciers de Grindelwald des troncs de *Larix*, que je n'ai pas vus, & qui peut-être sont aujourd'hui couverts de glace.

Arrivés près de l'étang, nous nous assîmes sur des pierres, & mangeâmes nos provisions avec un appétit dévorant, que la fraîcheur & la subtilité de l'air augmentoit.

Pendant que le Sr. Wolf retouchoit la vue représentée dans la Planche XI., je montai sur un des côtés qui environnent l'étang, marqué fig. 4. pour examiner les divers objets & surtout l'embouchure du Tschingelgletscher. On ne voit ici d'autres plantes que l'*Androsace villosa*, qui croit en quantité, l'*Iberis rotundifolia*, la *Silene acaulis*, la *Saxifraga* de Haller 985. Le *Ranunculus alpestris*, &c. Les pasteurs m'assurerent que le glacier s'étoit considérablement étendu depuis deux ans. Je présume qu'il s'étendoit encore davantage autrefois; l'espece de rempart sur lequel j'étois monté paroît s'être formé par les éruptions du glacier, ainsi que divers tertres situés plus bas, qui, à cause de leur direction parallele à l'issue du glacier, paroissent avoir la même origine. Ils sont tous composés d'amas de pierres, avec quelque sorte de régularité, qui indique l'identité de leur formation. Tout ce vallon offre le tableau de la plus grande devastation, des pierres sans nombre entassées les unes sur les autres, parmi lesquelles on ne voit que de tems en tems quelques plantes au milieu des rochers stériles, qui sont généralement calcaires, rarement on y rencontre quelques fragmens de granite; je crois même que le Tschingel, beaucoup moins élevé que le Breithorn, n'est qu'un rocher calcaire. L'étang a quarante à cinquante pas de largeur, il est très-profond au milieu, & n'a aucune origine visible, desorte qu'il paroît formé par des sources souterraines. Son eau est froide & excellente; il se vuide entre les rochers & se repand vers la base de l'Oberhorn. Je crois que son eau est la même dont Mr. Gruner a parlé dans son ouvrage comme d'une eau salubre ou minérale.

Après avoir passé six heures à marcher sur la glace, & à prendre haleine nous prîmes le chemin de l'Ammertenthal, en descendant toujours sur des rochers escarpés. Nous avions sous nos pieds la vue de l'embouchure du Tschingelgletscher, qui se vuide dans un vallon situé entre l'Oberhorn & Butlassen; il paroît que ces éruptions, qui n'étoient au commencement que des avalanches, ont formé dans la suite du tems un vrai glacier, vers lequel nous marchions. Un ruisseau très-considérable dès sa naissance sort du milieu des glaçons, & porte le nom de Thalbach. Nous le franchîmes en sautant de pierre en pierre au milieu des flots écumans & avec assez de danger. Un autre ruisseau nommé Schafbach prend son origine dans les crevasses du mur glacé qui termine le Tschingellauinen. On voit sur la Planche I. ces deux ruisseaux qui, se réunissant dans le val Ammerten, donnent naissance à la Lutschinen, qui prend ici son nom. Je jugeai par le grand nombre des amas en forme de tertre qui s'étendent au-delà de la portée d'un coup de fusil de distance de la source du Thalbach, dans la même direction que l'embouchure du glacier, que ce dernier s'étendoit, autrefois comme le précédent, fort au-delà de ses limites actuelles. La plus grande partie de ces tertres est composée de pierres verdâtres micacées.

Nous arrivâmes, en descendant le long du pied de Butlassen, jusques au pâturage appellé Steinbergalp, qui est très-fertile. A peine nous quittions les demeures effroyables de la glace, où regne la solitude & un hyver perpétuel, que nous vîmes tout-à-coup les plus beaux pâturages. Quel

changement

changement subit ! quel passage de la destruction & des froids du nord à la fertilité ! le soleil réchauffe par les rayons du midi & féconde des climats qui touchent des rochers stériles, enterrés dans une ombre meurtriére.

Si j'avois eu plus de tems, j'aurois monté du Steinberg jusques au Spizhorn, représenté dans les Planches II. & IX. fig. 2, d'où j'aurois eu le spectacle de l'amphitéatre des glaciers du Lauterbrunn; mais le soir avançoit, & nous avions encore trois heures de marche à faire pour arriver à notre ancien gîte. Nous fûmes obligés d'abandonner la Steinbergalp & de gagner, en traversant des pâturages fertiles, mais dont la pente est fort rapide, le bas du vallon d'Ammerten, renfermé entre des chaines de rochers escarpés, & couvert de forêts sombres, à travers lesquelles la Lutschinen se rend à la plaine. Nous primes quelques repos dans un pâturage qui appartient au curé de Lauterbrunn, où nous primes du caffé avec la créme délicieuse des Alpes, qui nous rendit les forces dont nous avions besoin. Nous avions encore deux lieues de chemin à faire à travers des forêts, dans des sentiers effroyables, tantôt marchant sur des fragmens de rochers, quelquefois en montant, d'autrefois descendant sur des échelles qu'on y a dressées, tantôt à travers des terrains marécageux, où l'eau montoit au-dessus de nos souliers. C'est ce chemin qu'on veut faire passer pour avoir servi jadis de grande route : il sert au transport des fromages & des laitages que les pasteurs des Alpes transportent à leurs chalais. Accablés de lassitude, nous arrivâmes enfin à notre gîte près de la fonderie de plomb; le même lit de foin nous reçut comme la veille, nous y goûtâmes les douceurs d'un repos nécessaire, plus délicieux que les plumes où dorment les rois.

Le lendemain 1. Août nous reprimes le chemin du Lauterbrunn. Les sommets du Schilthorn s'offroient à nos regards au nord-ouest, d'où l'on dit qu'on découvre une vue immense qui s'étend fort loin dans la partie la plus basse du canton de Berne. Enfin notre course se termina avant midi, & nous dinâmes chez le curé pour continuer ensuite le voyage vers le Grindelwald, dont la rélation formera une nouvelle partie de cet ouvrage. Il me reste, avant de finir, à rendre compte de quelques observations générales.

Le val Lauterbrunn est enfermé de tout côté par des rochers, dont on vient de lire la description. Ce val est étroit depuis Zweylutschinen jusques au village, où il s'élargit, pour se resserrer de nouveau vers la Fonderie à Sichellauinen. Plus loin, vers la Steinbergalp, un vaste amphitéatre se découvre aux yeux; il descend des sommets des plus hautes montagnes, couvertes de neiges perpétuelles, & se termine sur le devant par les abymes du vallon d'Ammerten, qui semblent le séparer du reste de l'univers. Les monts qui séparent cet amphitéatre du Grindelwald, du Valais & du val de Frutingen, sont ceux qui se trouvent derriere la Jungfrau, ensuite le Grosshorn, le Breithorn, le Wetterhorn du Lauterbrunn, le Tschingel & le Butlassen. Entre ces deux derniers s'ouvre un passage vers Hauri, dont j'ai parlé. Les deux chaînes de rochers moins élevées, qui s'étendent depuis Zweylutschinen vers cette chaine méridionale, paroissent calcaires, arrangées par couches, souvent réguliéres, quelquefois irréguliéres, & dirigées tour-à-tour en montant & en descendant vers le vallon. En général, ces rochers semblent ferrugineux; on y a exploité du fer en divers endroits, & l'on voit encore des restes de travaux à la tête de la Rothenflue, près de Zweylutschinen. J'apperçus des fragmens de granite en très-peu d'endroits; partout on voit dominer la pierre calcaire, point de vestiges de pétrifications; & selon tout ce que j'ai appris, on n'en trouve plus au-dessus de Heutlingen & de Thun. Le bas du mont Jungfrau est calcaire; on dit cependant qu'il y a quelques granites derriere le Mœnch, & de ce côté on trouve les pierres vitrescibles en plus grande quantité. Je n'ai trouvé que très-peu de fragmens de granite sur les glaciers; presque partout de la pierre calcaire & micacée. Le lit du grand mur glacial, près de l'étang d'Oberhorn, est cependant de granite; j'ai observé quelques pierres quarzeuses au pied du Butlassen; il paroit de-là que le granite se trouve par-ci par-là sous la pierre calcaire, qui compose en général la masse de ces montagnes. Le mont Gemmi, qui est situé dans la même chaine vers l'occident, ne contient aussi que des pierres calcaires. Il semble donc que le granite ne se manifeste visiblement, comme matiere principale des masses de rochers, que vers les sommets du Grimsel. J'ai trouvé sur le glacier du Breithorn de grands fragmens de roche & en grande quantité, chargés de minerais de fer. Enfin je dois observer que j'ai ramassé sur le glacier de Breitlauinen une espece de pierre composée de couches minces de quarz blanc, bleuâtre, jaune, entre lesquels on voit alternativement des couches de mica fort minces, de couleur tantôt argentée, tantôt bleuâtre (*).

(*) Cette singuliere pierre, qui forme un mélange de couleur fort agréable, me paroit être de l'espece que WALLERIUS nomme : „ Saxum fornacum, lamellis quarzi & micæ alternis, distinctis, sed non separabilibus. - - Lamellæ micaceæ in hoc saxo, lamellas inter quarzosas interpositæ adeo tenues, ut non nisi oblique lapis soli obvertatur, conspici possint. „ Je ne trouve d'autre différence entre cette description & la mienne, que la plus grande épaisseur des couches de mica.

On est étonné, après avoir vû le nombre immense de ruisseaux qui vont tous se rendre à la Lutschinen, que le torrent ne soit pas, après s'être rendu à la plaine, devenu une grande riviére. Le nom de Lauterbrunn, (Fontaines claires), a été bien justement donné à cette contrée, la plus riche peut-être du monde en eaux excellentes.

EXPLICATION DES PLANCHES (*).

Planche II. Vue du val Lauterbrunn vers les Glaciers.

Il faut, quand on veut voir le point de vue que le Sr. Wolf a rendu dans cette planche, paſſer de la maiſon du curé vers l'égliſe, & paſſer la Lutſchinen ſur un pont; de là, on ſe rend vers le rocher qui ſert de baſe au Wengberg. C'eſt depuis quelques maiſons exprimées dans la planche, qu'on jouit de la vue du tableau.

(*) Pour éviter la néceſſité de mettre des chiffres de renvoi ſur les Planches enluminées, on a fait graver la planche ci-jointe, qui ſuffira pour l'intelligence du texte.

Le devant, à gauche, repréſente le pied du mont Jungfrau, fig. 1. dont le ſommet couvert de neige, qu'on découvre depuis Berne, n'eſt pas viſible dans la planche. Le rocher, en forme de cone, qui ſe détache vers la droite du mont, porte le nom de Mœnch (Moine), nom qui lui a été donné à cauſe de la forme de ſa tète. Les habitans de ce vallon m'ont aſſuré que pluſieurs chaſſeurs ont eu la témérité de faire le tour de la partie ſupérieure du Mœnch, en grimpant, avec le plus grand danger, le long des roches. Les montagnards des Alpes mettent leur gloire à ces ſortes d'exploits, ſans qu'il leur en revienne autre choſe ni aucun profit, que le plaiſir de s'en vanter. Il me ſouvient, que pendant qu'on meſuroit la hauteur du Staubbach, un de ces téméraires s'étendit ſur un petit arbre qui avançoit du haut du rocher, & ne tenoit qu'à quelques racines. Tout ſon corps étoit ſuſpendu à 900 pieds au-deſſus du baſſin, d'où il contempla tous nos geſtes, & nous en rendit compte. Je frémis encore au récit d'une pareille témérité.

Dans le lointain, derriere le Mœnch, on découvre les ſommets neigés du Groſshorn, fig. 3. du Breithorn, fig. 4. d'où deſcendent les glaciers fig. 5. repréſentés dans les Planches I. VII. IX. XI. Le ruiſſeau Schmadribach fig. 6. deſcend par caſcades des rochers qui ſervent de baſe aux glaciers, & préſente un beau coup d'œil. La montagne verte, couverte de forèts à ſa baſe, qui cache à ſa droite, fig. 7. une partie des glaciers, porte le nom de Buſenberg ou Buſenflue, dont le ſommet le plus élevé s'appelle Spizhorn, & touche à droite le Steinberg, qui n'eſt pas viſible dans ce tableau. Plus à droite, on voit le rocher qui en occupe la plus grande partie. Le ruiſſeau, fig. 8. qui ſe jette dans le vallon à ſon extrémité, s'appelle Buchenbach, & a donné ſon nom au rocher. Le ſecond, fig. 9. eſt le Spiſſbach, ſuivi fig. 10. du Pletſchbach, plus connu ſous le nom de Staubbach, dont on voit ici les deux caſcades. Plus près, vers la droite, on voit le Kupferbæchlein. La Lutſchinen fig. 11. roule ſes eaux à travers le vallon.

On voit dans la Planche III. la montagne élevée qui porte le nom de Bierig ou Bietenhorn, fig. 1, c'eſt là que prend naiſſance le Staubbach, qui traverſe le pâturage Winteregg dont on découvre une partie dans la Planche III. fig. 2, pâturage où l'on nourrit près de trois cent vaches, & vient ſe jetter depuis le Pletſchberg par-deſſus le rocher du Staubbach. La plus belle d'entre les diverſes caſcades de ce torrent ſe voit Planche IV, & décrit une courbe, ſous laquelle on paſſe ſans ſe mouiller. Les particules diſperſées de l'eau réfléchiſſent au-deſſus du baſſin inférieur, avant midi, un cercle entier qui préſente les couleurs de l'arc-en-ciel. En ſortant de ce baſſin, le Staubbach ſe précipite du ſommet du grand rocher qu'on voit Planche V. Le tertre, derriere lequel on voit l'arc-en-ciel, a été formé par l'amas des fragmens de rochers que le torrent entraine avec lui en grande quantité, ſurtout dans la ſaiſon du printems. Un ſemblable fragment ſe détacha pendant que nous étions occupés à meſurer la hauteur du Staubbach, & m'auroit écraſé infailliblement ſi j'avois été d'un ſeul pas plus avancé.

On voit diſtinctement que la chûte du torrent ne ſe détache pas ſeulement d'une quinzaine de pieds, mais qu'elle décrit une courbe qui laiſſe à ſec près des deux tiers du rocher qui a 900 pieds de haut. C'eſt après avoir décrit cet eſpace qu'il va frapper une portion du rocher en ſaillie, & ſe jette de-là juſques dans la plaine. Le mouvement violent que ſa chûte cauſe dans l'air, chaſſe & diſperſe les particules d'eau en forme de roſée, & ſuit la direction du rocher ſans laiſſer d'eſpace entre deux.

Chaque partie du jour produit ici un aſpect nouveau. Les premiers rayons du ſoleil, qui vient éclairer aſſez tard ce vallon, forment ſouvent trois arcs-en-ciel au-deſſus du baſſin. A meſure que le ſoleil s'éleve ſur l'horizon, la direction de ſes rayons devient preſque perpendiculaire ſur la ſurface des eaux, & en éclaire une quantité ſi prodigieuſe de particules, que le ſpectateur, placé près du grand érable, repréſenté ſur la Planche V, croit voir un rideau argenté s'élevant au-deſſus du Mœnch & des glaciers qui ſont au fond du vallon. Ceux qui contemplent ce ſpectacle depuis la maiſon du curé, voient une quantité de petits nuages tranſparens, agités dans l'athmoſphere par la chûte impétueuſe des eaux. A meſure que le ſoleil ſe rapproche des ſommets des montagnes, des ombres en larges bandes qui ſont produites par leur interpoſition, viennent couper la ſurface des eaux. Dès que le ſoleil s'eſt caché entiérement ſous l'horizon, un demi-jour ſe répand le long du rocher & ne laiſſe plus voir, à la place de la caſcade majeſtueuſe, qu'un petit ruiſſeau.

Souvent le vent du ſud repouſſe ſes eaux avec tant de violence, qu'on n'en voit pas tomber une ſeule goûte pendant deux minutes entiéres. Quelquefois le vent les chaſſe dans une direction entiérement horizontale le long des rochers. Le petit ruiſſeau, nommé Kupferbæchlein, Planche V, qui n'a l'apparence que d'un fil blanc, ſemble être une ligne tracée dans les airs.

A la gauche du tableau, on voit une portion du mont Jungfrau, dont le Mœnch ſe détache en forme de piramide. Au-deſſous, on voit la Staldenflue (Tab. II. fig. 1.), rocher qu'il ne faut pas confondre, comme quelques uns ont fait, avec le Rothebrett, qui eſt placé plus haut, & qu'on voit, Planche IX. fig. 9.

La Planche VI. repréſente le Staubbach, vu en hyver; ce point de vue eſt oppoſé à celui de la Planche V, qui eſt dirigée contre les glaciers, tandis que le premier regarde le bas du vallon. On voit, Planche VI. fig. 1. une montagne ſituée près de Zweylutſchinen, fig. 2. la Hunnenflue, dont la ſtructure ſinguliere a été décrite par Mr. GRUNER. Les couches inférieures ſont minces & horizontales, & préſentent la figure d'un baſtion. Quelques fentes perpendiculaires la traverſent ſans régularité. Il paroit que les couches inférieures ont conſervé leur premiere direction, tandis que les ſupérieures ont eſſuyé des changemens, & ſemblent rongées par l'action des vents & des eaux du ciel. Pendant l'hyver, des amas de glace énormes s'entaſſent en forme de colonnes autour de la partie ſupérieure du Staubbach, fig. 3. & ſe précipitent ſouvent avec un fracas épouventable. Celle qu'on voit ici, paroit avoir 50 pieds de long. Les amas de glace, fig. 4. ont une nuance bleue, & ſe forment vers la partie avancée du rocher. Dans cette ſaiſon, l'arc-en-ciel ne ſe voit que dans la partie la plus élevée, le bas étant preſque ſans eau. La piramide de glace, fig. 5, excavée par les eaux, eſt d'une grandeur énorme, & n'acheve de ſe fondre que vers le 15. Juin. La Planche X. repréſente le Herrenbæchlein vu en hyver, & les amas de glace qui ſe forment à ſa baſe, & ne ſe fondent que fort avant en été. Souvent la partie ſupérieure de ces glaçons qui s'élevent à une grande hauteur, détache des maſſes énormes, dont on riſque d'être aſſommé, ſi l'on n'a pas la précaution de ſe ranger le long des rochers. Le Sr. WOLF, qui fit ce voyage en hyver, marcha à travers les neiges dont la glace étoit partout couverte.

DANS la belle ſaiſon, ce ruiſſeau devient ſi petit, qu'on a peine à croire les ravages qu'il fait, en détachant quelquefois des maſſes de rochers, qui ont couvert & rendu ſtériles les prés voiſins appartenans au domaine du curé. Ce ruiſſeau tombe à-peu-près de la même hauteur que le Staubbach.

ON voit ſur la Planche III. fig. 5. le Schiltwaldbach, placé vis-à-vis du Staubbach, & deſcendant du Wengberg. L'impétuoſité de ſa chûte empêche ſes eaux de ſe geler, malgré les plus grands froids de l'hyver. On voit un autre ruiſſeau, fig. 6, dont les eaux ſe gèlent en partie. Au milieu du tableau on voit le clocher du Lauterbrunn, & ſur le devant, à droite, la maiſon du curé. Cette Planche laiſſe voir le Staubbach en entier, avec la montagne dont il deſcend.

LA Planche I. repréſente Breitlauinen & le glacier du Breithorn. On voit ſur le devant le chalais, fig. I. où nous nous ſommes arrêtés, &, fig. 2. la Breitlauinen, que nous franchimes pour nous rendre vers les glaciers de Breithorn, & Schmadrigletſcher, fig. 11. d'où nous paſſâmes derriere la montagne, fig. 12. juſques au Schmadribrunn; delà, en traverſant en largeur les mêmes glaciers, nous deſcendimes dans l'enfoncement fig. 8. de l'Oberhorn, où eſt l'étang repréſenté Planche VII. & XI. ſitué au pied du Tſchingelgletſcher, qui ſort du pied de Tſchingel, fig. 5. & de l'ouverture du vallon fig. 6. qui communique avec le val Frutingen. Ce glacier ſe termine fig. 10. près de l'endroit fig. 13. où le Thalbach & le Schafbach ſe rendent dans le val Ammerten. On voit, fig. 3. le Breithorn, & fig. 4. le Wetterhorn, qu'il ne faut pas confondre avec la montagne du même nom dans le Grindelwald. Entre ces deux montagnes eſt un enfoncement qui porte le nom de Wetterloch, (trou des pluies,) ainſi nommé parce que les brouillards, qui s'y élevent le matin, préſagent la pluie pour l'après-midi. Les torrens, fig. 9. qui ſortent du Breithorngletſcher portent le nom de Schmadribach. On voit Planche I. & VII. que le val Lauterbrunn eſt fermé par le Tſchingel & le mont Butlaſſen, & ne laiſſe qu'un débouché étroit, à travers ces glaciers, vers le pays de Frutingen.

LA Planche IX. repréſente la vue contre le val Lauterbrunn, depuis les glaciers, priſe depuis l'extrèmité du glacier Breithorn. On voit fig. 1. vers le nord, le Steinberg, dont les pâturages fertiles ſont couronnés par le ſommet Spizhorn, fig. 2. Plus loin, fig. 3. on voit les ſommets de l'Engiberg, & plus à droite fig. 4. les pâturages du mont Iſelten, qui ſont très-fertiles. Le Wengberg, fig. 5. eſt cette montagne qu'on paſſe pour ſe rendre du Lauterbrunn au Grindelwald. Plus bas on voit la Staldenflue, fig. 6 Le Mœnch, fig. 7. préſente ici ſa face méridionale, au-deſſus duquel s'éleve la Jungfrau fig. 8; plus haut, fig. 9. eſt le Rothebrett. Ce dernier rocher a reçu ſon nom de ſa forme plate & perpendiculaire, & de la couleur rougeâtre qui indique ſa nature ferrugineuſe. Plus haut on voit une partie du Jungfrauhorn, la partie la plus élevée de ce mont. La fig. 10. indique l'embouchure du glacier de Rothenthal; entre celui-ci & le Rothebrett deſcend la Schaflauinen, d'où le Schafbach découle, & ſe précipite du haut des rochers à la plaine. Au bas de ce vallon, où deſcend la Lauinen du Rothenthal, eſt l'ancienne fonderie. Fig. 11. eſt le Hohalpgletſcher, à droite une partie du Breitlauinengletſcher d'où deſcend la Breitlauinen, qu'on voit Planche I.

LE point de vue de la Planche VII. n'eſt pas fort éloigné de celui de la Planche IX. La fig. 1. repréſente le Breithorn. Fig. 2. le Wetterhorn. Fig. 3. le Tſchingel d'où ſort le glacier de ce nom fig. 6. & ſe termine en Lauinen vers Ammerten. Ce Tſchingel ſert de limite au val Lauterbrunn, & ne doit pas être confondu avec d'autres montagnes du même nom. Fig. 4. eſt le Hauri, que nos guides diſoient être une montagne du Valais. Fig. 5. eſt une portion du mont Butlaſſen, qui aboutit vers l'orient au Spizhorn. Fig. 7. eſt l'étang d'Oberhorn qui fait la ſource du Krummbach.

LA Planche XI. repréſente une portion du mur de glace qui termine le glacier de Breithorn. Fig. 1. eſt le Breithorn même, fig. 2. le Groſſhorn, fig. 3. le glacier de ce nom. Ce mur de glace eſt ſi élevé, qu'étant au-deſſus, nous diſtinguions à peine les gens que nous avions envoyés vers l'étang. La baſe de ce mur eſt de granite. La fig. 4. repréſente le grand rempart de rochers, formé par les éruptions du Tſchingelgletſcher. Enfin la fig. 5. repréſente le petit étang où nous avons repoſé dans notre courſe.

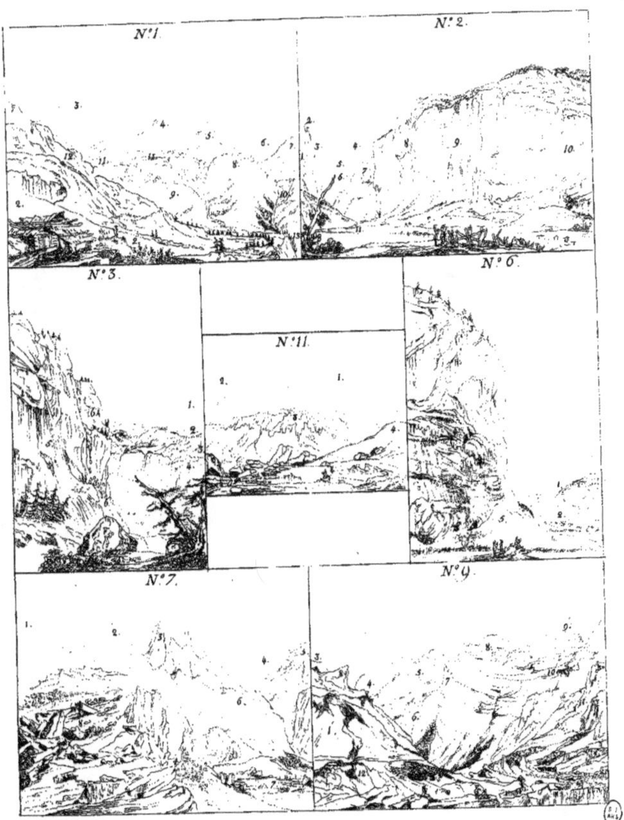
N°1.
N°2.
N°3.
N°11.
N°6.
N°7.
N°9.

C. Wolf ad nat. pinxit — N.° 1. — Joh. Störklin Sculpsit.

Breitlauwinen, contre le Glacier du Breithorn.

à Berne chez A. Wagner Imp. de LL. EE.

C: Wolf ad nat: pinxit. (2) M: Pfenninger Soulpsit

N.° 2.

Vallée de Lauterbrounn,
contre les Glaciers Canton de Berne.

à BERNE chez A. Wagner Impr: de LL: EE:

C. Wolf ad nat. pinxit. — M. Pfeninger Sculpsit.

N.º 3.

Schiltwaldbach en hyver vis-a-vis du Staubbach, dans la vallée de Lauterbrounn, Canton de Berne

à BERNE chez J. L. Wagner Impr. de LL.EE.

M. Pfenninger Sculpsit.

N°1

Premiere Chûte du Staubbach

dans la Vallée de Lauterbrounn Canton de Berne.

C. Wolf ad nat. pinxit — N.° 6. — M. Pfenninger Sculpsit.

Seconde Chûte du Staubbach en hyver — du côté opposé à celle d'été, dans la Vallée de Lauterbrounn, Canton de Berne.

à BERNE chez A. Wagner Impr. de LL. EE.

C. Wolf ad nat. pinxit — C. We. Sculpsit.

N.° 7.

Glacier du Breithorn, contre le Couchant.

à BERNE chez A. Wagner Impr. de LL.EE.

W. Kleemann ad nat. pinxit — M. Pfenninger Sculpsit.

N° 8.

Chûte du Myrrenbach
dans la Vallée de Lauterbrounn, Canton de Berne.

à BERNE chez A. Wagner, Impr. de LL.EE.

C. Wolff ad nat. pinxit. C. Wys Sculpsit.

N.° 9.

Glacier du Breithorn.

contre la Vallée de Lauterbrouñ.

à BERNE, chez A. Wagner Impr. de LL. EE.

C. Wolf ad nat. pinxit N.° 10. C. We Sculpsit.

Herrenbaechli, pris en hyver.

à BERNE chez e A. Wagner Impr. de LL. EE.

[library stamp]

www.ingramcontent.com/pod-product-compliance
Lightning Source LLC
LaVergne TN
LVHW050432160826
845677LV00002BA/664

* 9 7 8 2 3 2 9 6 8 3 0 3 4 *